生涯規劃與發展：
掌握生活與就業優勢

林仁和　著

生涯規劃與發展：掌握生活與就業優勢

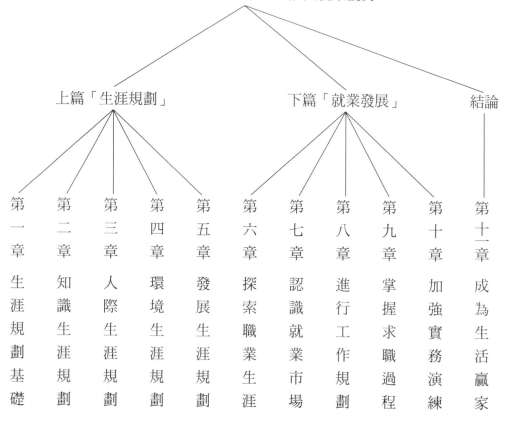

上篇「生涯規劃」　　　　　　　下篇「就業發展」　　　　結論

第一章　生涯規劃基礎　　第二章　知識生涯規劃　　第三章　人際生涯規劃　　第四章　環境生涯規劃　　第五章　發展生涯規劃　　第六章　探索職業生涯　　第七章　認識就業市場　　第八章　進行工作規劃　　第九章　掌握求職過程　　第十章　加強實務演練　　第十一章　成為生活贏家

作者簡介

　　林仁和博士，心理學與社會工作專業（美國甘乃迪大學心理學研究所畢業、美國加州CIIS研究所博士），東海大學社會工作學系專任副教授，兼任國貿系及幸福家庭推廣中心主任（1990～2006），瑞士日內瓦大學BEI學院客座教授（2006～2007），美國紐澤西州 Agape Education Center 主任（2012～）。有多年行政管理經驗，包括：美國華府 Goodwin House 安養院行政助理（1979～1981）、美國聯邦 ARC 成人復健方案東區十二州行政管理部執行長（1987～1990），以及美國加州勒戒師CADC證照（1982），並為美國管理學會（AMA）及美國人事行政管理學會（ASPA）會員。相關著作有：《人際溝通》、《就業實務》、《情緒管理》、《護理心理學》、《社會心理學》、《商業心理學》、《老人心理學》、《邁向成長之路》。

序

　　本書出版之際，看到了一篇青年圓夢系列的報導——「八年級漁夫：大三學生許秦源年收百萬」（2013 年 2 月 9 日中央社記者劉麗榮），深受感動，在此與讀者分享。

　　筆者曾是「採茶的孩子」，在外求學時，當過多年的「送報生」，雖然與「討海人」經驗無關，但依然能夠感受到許秦源同學對個人「生涯規劃與發展」的熱情、堅持與期待。首先，熱情是經營個人生活的基礎，在故事中可以清楚看到許同學對現實生活的積極態度與熱愛——放棄寒暑假參加營隊或出國遊玩，而回家補魚；其次，堅持是發展職業工作的動力——當下已鮮少有年輕人捕魚，只有許同學還願意學，也捱得住暈船的痛苦；最後，對生涯發展充滿期待——對日益枯竭的漁業資源，許同學期待朝產學合作方向發展，開發永續利用的海洋資源。

　　故事中的主角許秦源今年才二十一歲，就讀國立台灣海洋大學養殖學系三年級，明知海洋資源日漸枯竭、「討海人」不好當，卻靠著課餘時間捕魚，大學還沒畢業，年收入就已超過新台幣百萬元，羨煞不少同儕。當其他學生寒暑假參加營隊、出國遊玩，或到便利超商打工時，許秦源選擇回家，和爸爸到雲林、台中外海或澎湖海域捕魚，若遇豐收，出海一趟就有百萬元收入。許秦源說，海是他最熟悉的地方，外面景氣差，與其大學畢業領22K，不如回家討海。出生於雲林縣口湖台子村的許秦源，家族世代以捕魚維生，在國小三年級時，許秦源第一次和祖父、父親出海捕魚，嚴重暈船，令他永生難忘；但也是那年，因為烏魚大豐收，他拿到了生平第一筆「分紅」——新台幣八十萬元。

　　既然要討海，何必花時間與金錢念書？這是很多親友對許秦源的疑問。

許秦源說，課程每天都能上，但是出海一趟就可以賺足一學期的學費和生活費，他也希望具備實務經驗及專業知識。面對日益枯竭的漁業資源，許秦源也會擔心，當有一天再也抓不到野生魚時，只能用養的。看好養殖業的未來市場，於是他進入海洋大學就讀養殖學系，一方面在學校吸收養殖知識，另一方面在雲林老家養文蛤、龍膽、石斑。他說：「捕魚最有趣的地方在於拉網時，你永遠不知道捕到了什麼，就像投幣扭蛋機一樣，捕魚可能撈到垃圾，也可能是一尾要價三萬元的竹午魚。」他對個人人生規劃與發展的結論是：「只要還有魚，就會繼續抓。」

本書蒐集了許多個人生涯規劃與發展經驗納入「生活故事」中，包括當代與過去的人與事，甚至無名氏，筆者心存感激。期待讀者在個人受益的同時，也能夠與人分享，好讓經驗繼續傳承下去。曾經有人問偉大的發明家牛頓（Isaac Newton）：「為什麼你會有那麼多成就？」他的回答是：「站在巨人的肩膀上，所以能夠看得比較遠！」

林仁和

2013 年 2 月

美國紐澤西

目 次

導讀

　　本書是一本精簡版及實務取向的教科書與參考書，其主要目的是為了包括年輕學生（大專與高職）、上班族，以及教師、家長等讀者，提供生涯發展與就業問題的參考。因此，本書避免高深的理論，並應用通俗與大眾化的方式陳述，在每一節之後還附有知識性、思考性及趣味性的「生活故事」。「生活」是個人生存與發展的核心，所謂「生」是「活」的前提，而「活」則是「生」的支柱。換言之，個人必須先規劃好生活的目標，然後通過工作支持來完成實現。根據這個原則，本書規劃了「生涯規劃」與「就業發展」等上下兩篇各五章，以及結論，共十一章，每一章提供各三節（三項）的議題討論。

　　上篇「生涯規劃」的目的，是提供五個主要的相關議題：生涯規劃基礎、知識生涯規劃、人際生涯規劃、環境生涯規劃，以及發展生涯規劃。第一章為「生涯規劃基礎」，包括：自我探索、正確對待自己、決定自己的人生；第二章為「知識生涯規劃」，包括：有效地學習、必要的技能、加強記憶力；第三章為「人際生涯規劃」，包括：人際關係的基礎、人際溝通的技巧、經營關係網絡；第四章為「環境生涯規劃」，包括：個人的生活管理、金錢與時間管理、在適當壓力下生活；第五章為「發展生涯規劃」，包括：認真思考、正確決策、尋找支持。基本上，本篇討論三項關鍵問題，包括：知識生涯、人際生涯，以及環境生涯的規劃。第一章是本篇的導論，第五章則是結論。

　　下篇「就業發展」則提供了五個相關議題：探索職業生涯、認識就業市場、進行工作規劃、掌握求職過程，以及加強實務演練。第六章「探索職業生涯」是本篇的導論，內容包括：職業生涯的概念、職業生涯的模式、職業生涯計畫；第七章「認識就業市場」的內容，包括：人力資源與產業、職業

薪資所得、二十種影響未來的科技；第八章「進行工作規劃」的內容，包括：工作的選擇、求職的策略、求職的過程；第九章「掌握求職過程」的內容，包括：成功的求職面試、肯定自己的才能、正確的職業選擇；第十章「加強實務演練」的內容，包括：個人履歷、求職面試問題、中英文面試技巧。從第七到第九章是本篇的主要議題討論，第十章則是結論，提供求職者三項關鍵實務，包括：如何撰寫完整的履歷、如何在面試中取得優勢，以及加強面試的對答技巧。為了面對職場的國際化趨勢，另外增加了英語口試問答技巧。

第十一章「成為生活贏家」是本書的結論，內容包括：化目標為行動、向失敗經驗取經、邁向成就的生活等三個議題。在結論中為讀者提供八項建議，包括：如何化目標為行動、如何從行動中帶動繼續的行動、如何面對失敗經驗、如何避免失敗與再失敗、思考為何優秀者會失敗、為自己的成就定位、擁有健康的企圖心，以及如何在巨人肩膀上站得更穩。

《Cheers 快樂工作人》雜誌於 2013 年 2 月 19 日公布了「企業最愛大學生」的調查，此調查係根據下列八項指標來進行：(1)學習意願強、可塑性高；(2)抗壓性與穩定度高；(3)專業知識與技術；(4)團隊合作；(5)具有解決問題能力；(6)具有國際觀與外語力；(7)具有創新能力；(8)融會貫通能力。調查報告顯示：不論名校、非名校畢業生，其職位升遷的關鍵，不在於進入職場後是否能馬上上手，而是有沒有「自學的本事」，這是八項指標的關鍵；學校教的永遠趕不上最新科技發展所帶來的工作轉變、產業轉換，名校學生在本職學能上或許技高一籌，但有沒有心想要持續學習，就與學歷無直接關係。

「企業最愛大學生」的八項指標及總結「自學的本事」，都能夠在研讀本書後找到參考答案。祝福讀者所規劃與發展的生涯目標能夠實現，讓美夢成真──成為生活贏家！

另外，本書也為授課教師提供專屬的「教師手冊」光碟，其主要內容包括：授課教學計畫、課程內容 Powerpoint、測驗、個案討論等。

上　篇
生涯規劃

第一章

生涯規劃基礎

第一節　自我探索

本節要討論兩項主要的議題：一、認識自我；二、自我接納。

一、認識自我

　　每一個人的一生始終都在尋找自我、實踐自我與超越自我，而對於處在自我意識迅速發展的特殊時期之青年學生，他們更是會積極主動地去認識自我、塑造自我與完善自我。青年學生的自我意識發展，大部分會經歷分化、矛盾、統一和轉化的過程。

（一）自我意識

　　自我意識的分化是自我意識走向成熟的標誌，此時的「我」被分成「主體我」和「客體我」兩部分，例如有的同學會說：「我希望自己是無所畏懼的」，但事實上，他們在與異性講話時都會臉紅；「我希望自己有毅力」，但做事卻虎頭蛇尾；「我希望自己樂觀看待每一件事」，卻時時為小事生悶氣等。自我意識矛盾所帶來的痛苦不安，會促使個體尋求自我意識的統一，而造成理想我與現實我的統一。一般來說，自我意識統一會出現下面兩種情況。

　　第一種是積極的統一，其特性是對「現實我」的認識能比較清晰、客

觀、全面、深刻，理想我則比較正確、積極，既符合社會要求，也符合自己的能力，而且是經過努力可以達到的地步。統一後的自我完整而有力，有助於自身健康成長。另一種是消極的統一，其特徵是對自我評估不正確、「理想我」不健全、缺乏實現「理想我」的手段，而其形成的自我是虛弱而不完整的，既無法適應社會，也不利於自身發展。

　　自我意識在人格形成和人格結構中占有重要地位，健全的自我意識是全面發展的重要途徑，也是心理健康的有效保證。

（二）認識自己

　　專家曾說過：一個人真正偉大之處，在於他能夠認識自己。青年學生要努力拓展生活範圍、增加生活閱歷、積極參加社會實踐和社交活動，藉助他人來反觀自己，學會正確地認識自己、認識他人和社會。如果一個人對自我有全面且正確的認識和評價，就能根據自己的實際情況，截長補短，選擇適當的目標。認識自我的關鍵有三：

1. 積極悅納自我：悅納自我是發展健全自我的核心和關鍵。悅納自我就是要無條件地接受自己的一切，不論是優點或缺點、成功或失敗。要肯定自己的價值，尊重自己，喜歡自己，使自己充分感受到價值、自豪、愉快和滿足。

2. 有效控制自我：自我控制是主動改變自己的心理品質、特徵及行為之心理過程。不少青年學生對自我抱有很高的期望，但因為沒有足夠的自制能力和意志，受不了挫折和打擊，無法實現自我理想。尤其是自卑或自暴自棄的人，更可能因為自己無法控制自己的不良情緒，而使自己偏離了健全自我意識的軌道。

3. 努力自我實現：透過加強自我修養，不斷進行自我塑造，以達到完善自我，是健全自我意識的終極目標。要努力從小事做起，根據社會的需要和個人的特點，全力以赴，使自己的能力品行得到最大限度的發揮。於行動之後，再反省得失原因，且能再度行動並汲取經驗與教訓，一旦有

所成果，再反省與總結。如此反覆進行，自我就可以一步一步地得到擴展和深化，自我的境界也就能得到拓展和提升。

二、自我接納

　　自我拒絕的個人，與環境無法有很好的協調，對身邊的事情就會有諸多抱怨，常與他人發生衝突，易生氣，事後卻又感到後悔，生活滿意度很差。這種人常覺得，自己的存在對家庭和社會沒有價值，對親人是一種拖累，討厭自己的一言一行，對前途感到失望；在某種情況下，這種厭世念頭甚至可能會演變成傷人或自傷（殺）行為。他們對自己在能力和知識上的欠缺懷有自卑感，但卻又把它視作自己身體的瘡疤而竭力遮掩，不僅不願他人提及，連自己也不想承認，當然也不會付出實際的努力去加以改變。所以，對於那些自我拒絕的個人而言，必須克服否定自我的傾向，愉快地接受一個雖然不完美，但充滿發展潛力的自我形象。為此，我們不妨從以下幾個方面來調整對自我的態度。

（一）珍視生命和價值

　　生命的誕生不易，生命的成長更難。從出生到十幾歲，周圍的很多人，包括：醫護人員、幼教人員等人，都為自己的健康成長付出了辛勤的勞動，其中最辛苦的當然是自己的父母。生命如此可貴，我們還有什麼理由不珍視它、不接受它？儘管我們身上存在著許多令人不滿意的地方，我們也不能鄙視它、拒絕它。我們應該感謝生命，感謝為生命的誕生和發展作出貢獻的人，才對得起曾為我們的成長付出愛心的人們。

（二）面對自己的弱點

　　我們每一個人身上都有著不同的弱點，其中也有不少弱點是難以改變的，對這些不如他人的弱點，抱怨並不能使我們改變什麼，應以平靜的心態，實事求是地接受這些弱點，才是正確的態度。接受這些弱點，並不意味

著一個人會因此而失去上進的信心，例如：就視力而言，人不如鷹；就聽力而言，人不如狗；論奔跑能力，人不如馬；論游泳能力，人不如魚等，儘管人的身上有如此多的弱點，人們依舊努力地經由勞動和創造來發展自己，因為人類的智慧才是成為動物界主宰的關鍵因素。如果人的祖先因自己身上存在著的種種弱點，而失去與其他動物競爭的信心，那今天統治自然界的可能就是鷹、狗或其他動物。

大多數的缺點都是可以克服的。青少年時期是人生具有巨大可塑性的一個發展階段。我們現在所認識到的自我，只說明現在，而不說明將來。也許我們現在學識淺薄、能力不足、感情脆弱、意志薄弱，但如果在清楚認識自己弱點的基礎上，能奮發努力，自我完全可以得到脫胎換骨般的發展。事實上，隨著大量知識的接受、各種能力（特別是抽象邏輯思維能力）的發展、高級情感的成熟、意志品質的改善，大部分的缺點都可逐漸獲得克服。

總之，悅納自我，可以更好地發展自我；反過來說，發展自我，又可以更好地悅納自我。我們要特別珍惜自我的可塑性，既能愉快地接受一個現實的自我，又能充滿信心地去發展一個理想的自我，邁著堅定的腳步，走向成熟的人生。

生活故事

人生是自己建造的

有個經驗豐富的老木匠準備退休，他告訴老闆說要離開建築業，回家與妻子兒女享受天倫之樂。老闆捨不得這位將一生貢獻給他的好工人離職，問他是否能幫忙再建造一座房子，老木匠說可以。但是，大家後來都看得出來，他的心已不在工作上，為了趕工完成交差，他用的是次等木料，用快速工法，只求表面的完整。房子建好的時候，老闆把大門的鑰匙交給他，並說：「這是你的房子，是我送給你的禮物。」老木匠非常震驚，羞愧得無地自容。如果他早知道是在給自己建造房子，他怎麼會這樣呢？但現在他卻得

住在一幢粗製濫造的房子裡！

　　我們又何嘗不是這樣，我們常常漫不經心地「建造」自己的生活，沒有積極行動，而只是消極應付，凡事不肯精益求精，在關鍵時刻沒有盡最大努力。當我們驚覺自己的處境時，早已深困在自己建造的「房子」裡了。請把你自己當成那個木匠，想想你的房子，每天你可以敲進去一顆釘，加上去一塊板，或者豎起一面牆，用你的智慧好好建造吧！你的生活是你一生唯一的創造，不可能敲掉重來。

　　即使只有一天可活，那一天也要活得優美、高貴；記住牆上的銘牌上寫著：「生活是自己創造的」。

 ## 第二節　正確對待自己

　　本節要討論三項主要的議題：一、自我評價；二、低估自己；三、充實自己。

一、自我評價

　　1950 年代，名畫家理查德·漢密爾頓（Richard Hamilton, 1922-2011）的主題畫為：「究竟是什麼使得現代家庭如此風格迥異及富有吸引力？」這個議題在當時引起許多人的熱烈討論。許多時候，當我們環顧四周，似乎很多人都在散發著以漢密爾頓為代表所展現出的成功感覺。那些從外表看來充滿自信的人們，其內心裡卻很可能是疑心疑鬼；正如我們之中的很多人，其外表看起來比實際年齡更年輕一樣。

　　為什麼我們會相信自己的價值微不足道呢？科學研究證明，這種信念是引發一切痛苦感受的原因。以下我們先看一個例子。

（一）廚師的故事

　　小張是一個廚師，他經營著一家不錯的餐館，雖然生意很成功，但他還有一個雄心壯志：希望自己和經營的餐館都能夠被列入《美食指南》──這個行業內非常具有影響力的雜誌中。就像很多人一樣，小張也對自己充滿了疑惑，他總認為自己做得不夠好。有一天，當鎂光燈照亮小張，傑出的榮譽就這樣來到了他的面前；然而，他卻沒有一點幸福和快樂的感覺，反而表現出一副悶悶不樂的樣子。在這麼多年的努力工作中，他一直嚮往著此刻的到來，但是當夢想成真時，卻又無法感受到愉快。這是為什麼呢？原因是他現在已經不在乎《美食指南》的價值，所以這個榮譽和成就並不會抬高自己現有的地位和價值。小張的理由如下：如果我這樣的人都能夠被列進去，那這個《美食指南》也不見得好到哪裡去。

　　如果我們不能擺脫成就而進行自我評價，那我們就不會珍視自己的成就。由於固有的性情使人們傾向於按照已取得的成就來進行自我評價，所以，人們依然處於易失去自我價值觀念的狀態中。

（二）正面關懷

　　對自己的無條件正面關懷極為重要，這個內在價值觀可被喻為類似父母對孩子的那種愛，卡爾‧羅傑斯（Carl Ranson Rogers, 1902-1987）將之稱為「無條件的正面關愛」。正面關愛是一種無條件的付出，其獨特性和唯一性並非取決於與生俱來的天分以及生於何處，也不會因為自己的行為而有所增加或減少，我們無須以任何方法努力地去獲得這種正面關愛，更不要擔心因自己的不良行為而完全喪失了來自父母的關愛。失去這樣的關愛會令人痛徹心腑，而心中有愛相伴的時刻總能讓我們平靜安詳。如果懷著自私自利之心對待他人，很可能會讓自己感到內疚、不安、有犯罪感，甚至會終生陷入不幸之中。

　　「人之初，性本善」的觀點，是現代很多宗教形式所倡導教條的基礎，

例如：「在上帝或神靈的眼中，人人都平等」，在這裡，平等的觀念並非單指我們的內在價值，它還包含著所有生靈皆具同樣本質的基本觀點。就如同在民主國家的每位公民都有選舉權，而且是票票等值的民主原則一樣；世界上的每個人也都具有相同的自然本性，我們同樣也會受到關愛、悲傷、恐懼和懷疑等情緒的影響。

（三）進行自我評價

　　進行自我評價能幫助我們將生活建立在一個穩固的基礎上。對自我進行評價與自戀行為有所不同，我們可以尊重，甚至讚美那些以往並不喜歡的人，而且我們還應該接受曾經討厭之人，也具有與自己一樣本質的現實。同樣地，如果我們欣賞自己的話，這種評價的確具有一定的助力，但卻沒必要這樣做，當然，也不必用行動來證明自己。不過，無論如何，對自我進行評價還是人生道路上必須要做的一件事，因為除非能正確地評價自我，否則將一無所獲。如果認為自己一無是處，或者盡做一些徒勞無功之事的話，我們就會徹底毀了自己的大好前程，最終無所成就。

二、低估自己

　　個人的失敗有許多原因，其中最重要的因素是低估自己，甚至否定自己。從心理學分析中，低估自我有下列三個原因。

（一）我不是萬能

　　想一想那些因為能更加善待他人而讓自己崇拜的人們吧！我們是否經常將他們的仁慈作為理由而嚴厲斥責自己？我們是否常常這樣自言自語：「我真沒用，為什麼沒能像他那樣仁慈地關懷、幫助他人呢？在現今社會中，真有如此體現人類價值的人存在，但那不是我。」

　　然而，事實應是如此：「這個人所做的也不過是善待他人而已。因為他所幫助的那個人有價值，才使這件事變得有意義。我們為什麼要崇拜這樣的

人呢？難道我們崇拜依賴那個被幫助之人的價值嗎？」我們應該以人人都具有自身之價值來說服自己，來證明自己的價值所在。

（二）自恃傲慢

與前者相反的，是自我傲慢，總是認為比他人強，無論是言談舉止還是行為特點，自己都認為優越於其他人，而這種評價對其他人來說是不公平的。如果我們低估了自我，一定也會犯與之相反且同樣程度的錯誤：高估自我，這也同樣是不公平的。很多外表看似傲慢的人，其實在內心深處都隱藏著根深蒂固的自卑，他們有可能是極度缺乏自信的人。平等對待自己、正確評價自己，並非傲慢自大，它甚至還會保護自己免於陷入傲慢行為的壞習慣。

（三）低估自己

有時我們會低估自己的價值，但這並非是因為我們對自己的成就感到抑鬱，而是因為我們對自己感到抑鬱，對自己的道德品質感到抑鬱。當我們還沒有達到自己設定的標準時，常常因缺乏慈悲心而責怪自己。我們常為子女設定行為標準，每當子女達不到要求時，就會受到出於「愛之深，責之切」的斥責。然而，標準的本質就是無法讓人時刻都能遵守：如果人們真能時刻按照標準行事，或許它就沒有存在的必要性了。不能達到標準就是一個評價自我、認識自我的理由，它能讓你認識到應該嘗試去改變自己；不過，這並不是一個讓你停止自我評價的理由。

三、充實自己

自我充實能力好的人，可以加強自信心和獨立性，必要時能維護自己的正當權益，只要認為自己是正確的，就能不計較他人的評價。自我充實能力差的人，則易表現出過分依賴他人，獨立性差，需要得到社會或他人的讚揚才會感覺愉快，這種人缺乏自信，不能維護自己的正當權益，也不能有效地

表達自己的觀點和情感,時時會感到無聊、寂寞、空虛,久而久之就會影響到此人的心理健康和辦事效率。

作為年輕人,我們應該積極向上,富有創新精神。有人曾說:「青年是早晨八九點鐘的太陽。」那麼,我們何必在如此大好的光陰中將青春浪費了呢?自我充實,生活就會變得多姿多采,生命也因此而更有價值。在生活中,我們該如何充實自我呢?

(一)讓生活充實你

曾聽不少人說,他們不愁吃不愁穿,但都快樂不起來,感覺生活一點樂趣都沒有。當一個人心靈空虛時,會如同生理上的飢餓一樣,十分難過。這樣的人由於一直以來就聽慣了他人的安排,所以什麼事都要他人替自己作主,哪怕是在生活上的一點小事也是如此;如此一來,內心缺乏主見,怎麼會不空虛呢?充分利用人一生好奇心最強、求知慾最旺盛的時期,可以去遨遊浩瀚的書海,使自己的生活充實起來,也還可以在空閒之時多參加各項活動,這樣就比較沒有時間去體驗空虛的感覺。總之,我們要充實自己的生活,使自己的生命充滿朝氣。

(二)消除自卑

不能自我充實的人,常常是一個自卑、被動的人。一個自卑、被動的人,在沒有從他人得到建議之前,對日常事物常不能做出自己的決策,一旦脫離他人,就會變得膽怯、退縮,即使做的是很簡單的工作,也常覺得力不從心。其實,自信、獨立的能力是透過生活實踐中的不斷學習所獲得的。個人在一切都很順利時,一般都容易保持自信心;當遇到較大挫折或外界對自己的評價和待遇較差時,要保持自信心就比較困難了。當我們遇到這種不順心的情況時,更要保持自信心,不管自己成功與否,也不管他人對自己如何評價,始終都要抱持著堅定的信心,相信自己的能力,相信自己能夠克服困難走出逆境。我們不妨可以先從日常生活的小事做起,例如:自己一個人去

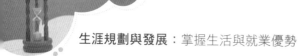
看電影、自己一個人去上學、自己一個人去買東西等，我們將會發現這些事自己都能做，而且能做得很好，慢慢地自己就會有自信心。

（三）勇敢冒險

亞里士多德（Aristotle, 384 BC-322 BC）被馬克思（Karl Heinrich Marx, 1818-1883）稱讚為「最博學的人物」，他的定理被世界承認了 1,700 年，結果卻被一個二十五歲的年輕人——伽利略（Galileo Galilei, 1564-1642）在比薩斜塔的一場展示中推翻了。當時的名人學者都痛斥伽利略太過於猖狂，但結果證明，伽利略定律才是真理。伽利略正是有著不屈服舊習的思維品質，才有了今天令世人信奉的真理。世界也因為有了人，才變得那樣神奇，因為有了冒險者的探索，而使人能創造出許許多多偉大的成就；若在科學的入口處，默守舊知，猶豫徘徊，能有人類今天所創造的一切嗎？我們不妨做一些冒險性的事情，可以設定每週做一項，例如：獨自一個人到附近的風景區做短程旅行、獨自一個人去參加一項娛樂活動，或一週規定一天「自主生活日」，這一天無論是什麼事情，決不依賴他人，透過做這些事情，可以增加自己的勇氣，改變自己事事依賴他人的弱點。

當然，我們在做這些冒險性的事情時，務必把安全放在第一位。當然，有關人身安全問題的冒險，我們還是不應該去做的。

生活故事

讓時間解決問題

有一個人因為一件小事和鄰居爭吵起來，爭論得面紅耳赤，誰也不肯讓誰。最後，那個人氣呼呼地跑去找村裡的長老，因為長老是當地最有智慧、最公道的人。

「長老，您來幫我們評評理吧！我那鄰居簡直是一堆狗屎！他竟然……」那個人怒氣沖沖，一見到長老就開始了他的抱怨和指責，正要大肆指

責鄰居的不對時，就被長老打斷了。長老說：「對不起，正巧我現在有事，麻煩你先回去，明天再說吧。」

第二天一大早，那個人又憤憤不平地來了，不過，顯然沒有昨天那麼生氣了。「今天，您一定要幫我評出個是非對錯，那個人簡直是……」他又開始數落起鄰居的劣行。長老不快不慢地說：「你的怒氣還是沒有消除，等你心平氣和後再說吧！正好我的事情還沒有辦好。」

之後一連好幾天，那個人都沒有來找長老了。長老在前往佈道的路上遇到了那個人，他正在農田裡忙碌著，他的心情顯然平靜了許多。長老問道：「現在，你還需要我來評理嗎？」說完，就微笑地看著對方。

那個人羞愧地笑了笑，說：「我已經心平氣和了！現在想來也不是什麼大事，不值得生氣的。」長老此時不疾不徐地說：「這就對了，我不急於和你說這件事情，就是想給你時間消消氣啊！記住：不要在氣頭上說話或行動。」怒氣有時候會自己溜走，稍稍耐心地等一下，不必急著發作，否則會因惹出更多的怒氣，而付出更大的代價。

事情最適合的解決方法，往往是在激情背後的深深呼吸中找到的！心平氣和地對待自己所遇到的難題，將會發現更好的解決方法！

第三節　決定自己的人生

本節要討論兩項主要的議題：一、人生由自己決定；二、自己是創造環境的人。

一、人生由自己決定

傳說古時有一位智者，他以擁有先知能力而著稱。有一天，兩個年輕男

子想愚弄這位智者，於是想出了一個點子：其中的一個人在右手裡藏了一隻雛鳥，然後問這位智者：「智慧的人啊，我的右手有一隻小鳥，請你告訴我這隻鳥是死的？還是活的？」如果這位智者說：「鳥是活的」，那麼拿著小鳥的人可能會不經意地將手一握，把小鳥弄死，用這種方式來愚弄智者。但如果他說：「鳥是死的」，那麼這個人只需要把手鬆開，小鳥就會振翅飛走。這兩個人認為他們萬無一失，因為他們認為這個問題只有這兩種答案。

在他們確信自己的計畫萬無一失之後，就啟程前往智者家，想跟他開個玩笑。他們見到了智者，並提出了準備好的問題：「智慧的人啊，你認為我手裡的小鳥是死的還是活的？」智者慢慢地看著他們並且微笑起來，回答說：「我的朋友，這隻鳥是死是活完全取決於你的手！」

這個古老寓言說明了一個真理：自己的人生由自己決定，自己人生的好壞也完全是由自己決定，因此自己就是做決定的人。

心理學家認為，只要我們求得懇切，我們就必然會得到。以下我們用一個從納粹集中營逃亡成功的例子來說明。

（一）納粹集中營的故事

只因為斯坦尼斯洛（Stanislaw）是個猶太人，納粹便闖入他的家，將他一家人逮捕並像牲畜般地趕上火車，一路開到了令人不寒而慄的奧斯維辛（Auschwitz-Birkenau）死亡集中營。他從未想到竟然會有一天目睹家人的死亡，他的孩子只不過是去「淋浴」，便失去了蹤影，而衣服卻穿在別的小孩身上，他怎麼受得了這種錐心之痛呢？

最後他熬過了，他了解到有一天也得面對那躲不掉的相同惡夢，只要在這座集中營多住一天，就愈難有活命的機會。因此他做了個「決定」，就是一定得逃走，並且愈快愈好。雖然此刻還不知道怎麼逃，但是他知道不逃是不行的。接下來的幾個星期，他偷偷地向其他的人問道：「有什麼方法可以讓我們逃出這個可怕的地方？」可是得到的總是相同的答案：「別傻了，你這不是白費力氣嗎？哪有可能逃出這個地方。還是乖乖地工作，求上帝多多

保佑才是！」但他並非那種聽天由命的人，別人愈那麼說，就愈激發他求生的意志。他依然時時刻刻地心裡想著：「我應該怎麼逃呢？總會有辦法的吧？」

最後他所採取的逃亡方式，簡直是出乎他人意料，因為在他勞動的位置不遠處，就是一堆要抬上車的屍體，裡面有男有女、有大人也有小孩，都是在毒氣間被毒死的。他們嘴裡的金牙被拔掉、身上的值錢珠寶被拿走、連穿的衣服也被剝光，這一切看在其他人的眼裡，可能只會覺得納粹殘酷不仁，然而對斯坦尼斯洛來說，卻是一個契機，於是靈機一動：「我得如何利用這個機會脫逃呢？」正當那天要收工而眾人正忙著收拾工具時，他趁著沒有人留意，就迅速跳上卡車，脫光衣服，赤裸裸地趴在那堆死屍之上，他也很小心地呼吸，不敢讓守衛看出破綻。

在他的四周，堆了不少死屍，其中有些已散發出臭味和流出血水，他不敢移動分毫，唯恐被別人發現他詐死，只是靜靜地期待卡車趕快開走。在那一刻，一秒鐘就猶如一天，終於他聽到了卡車引擎發動的聲音，雖然四周的氣味十分難聞，不過在他的內心卻緊抓著一絲活命的希望。之後卡車停在一個大坑前面，傾卸數十具死屍以及一個裝死的活人。在坑裡，斯坦尼斯洛仍然靜止不動，時間一分一秒地過去，他等待周圍都沒有任何聲音的時候才悄悄地爬上坑口，也不顧全身赤裸，一口氣狂奔了七十公里，最後終於成功脫逃。

斯坦尼斯洛能活下來，這其中的原因何在？最重要的一點是他做出了一個他人不敢做的決定，並且也迫切地尋求它的答案，最後他的腦子終於給了他所要的，而這個答案救了他一命。他之所以能夠活命，可以說是他求生的決定和行動所致。

我們的內心所做的決定會影響我們的行動、方向，乃致於最終的命運，這一連串的影響可說是我們大腦對人生所作的「認定和創造意義」之過程，也就是「思考」下的產物，所以如果我們想開創人生，就得自己做決定。

（二）自己是做決定的人

　　根據一項調查發現，有百分之四十幾的人，都說目前他們正值事業「顛峰」的階段。後來發現，若想從某人的工作過程去預測此人是否滿足其事業發展，這是不可能的。

　　若問那些正當事業得意的少數人：「為什麼你認為你目前的事業很成功？」大部分的人都會回答：「因為我現在從事的是我真正想做的事。」有一位安全設備推銷員把這一點解釋得很好：「我的父母本來盼望我進入較穩定的行業，例如：銀行業，但是我天生喜歡和人接觸，喜歡地位、旅行及挑戰。壓力或新奇可以使我精神旺盛，而單調重複的工作卻會使我厭倦、退化、增胖以及精神鬱悶。所以我在大學畢業後，便決定謀求一個能讓人不斷活動、印象深刻、具有壓力，又富於社交性和國際性的角色。我覺得銷售工作應是我最佳的選擇，而推銷安全設備能滿足我所想要的聲望、報酬和旅行機會。坦白說，我是實行家，而且盼望最高的地位，所以我在大學時代就找到了一個兼差──『防衛隊』，並且研讀銷售技巧；同時，我致力使自己個性更溫和、更讓人容易接納、容易相處，然後開始四處尋覓，最後終於在國防工業內找到了一席之地。」

　　讓我們來仔細查看他為自己安排的方式。首先，他設法找出自己的動機，然後去找適合自己的特殊環境；接著，他運用完善的計畫和機智，尋求一個機會進入他所選定的工作環境。他的清晰頭腦和堅定毅力，實在令人印象深刻，而且他一開始就必須面臨著違逆父母決定的困難。如今，他在一家大公司負責許多保全合約，並且覺得「非常滿意」；但是他也如此表示：「以後我可能會想再尋找新的挑戰。」

　　至於那些自認為目前事業「不順利」的人又如何呢？從他們的訪談看來，全都是抱怨！他們覺得自己是惡劣環境下的犧牲者，他們的願望和需求都未能獲得滿足，而他們也無法使心中的願望變成事實。他們的期望和需求，與他們實際所能完成的兩者間之鴻溝，變成了挫敗的來源。

二、自己是創造環境的人

　　不是環境創造人，而是人創造環境。決定我們人生的關鍵不在於所面對的環境，而在於我們決定要如何去面對。我們都曾聽說過一些偉人的故事，他們無視於所處的逆境，堅持所做的決定並一心向前，結果讓困頓的人生邁向康莊大道，他們努力奮鬥的事蹟成為了振奮人心、鼓舞後人效法的榜樣。

（一）今天就下定決心

　　如果我們有心，也都可以成為他們當中的一員，然而要怎麼去做呢？很簡單，那就是──今天就下定決心。如果我們不打算做這樣的決定也沒有關係，事實上卻已經做了決定，也就是甘心把自己的人生交給環境，任由它來主宰。自己整個人生的改變就在這一天的決定，如果下定決心後不再渾渾噩噩度日，而要作自己人生的主人，得到所期望的未來。這天所做的決定看來簡單，卻是我們一生中最重要的一個決定。

　　當做出決定後，還要全力以赴去達成才行，同時還得決定打算成為什麼樣的人。我們得為自己擬訂更上一層樓的標準，以及對自己的期望，同時還得用堅強的毅力去達成這樣的目標，否則將永遠得不到所期望的人生。遺憾的是，大多數人從不這麼做，反而是給自己找藉口，不是家境不好、沒有背景，便是學歷不足、沒有機會、景氣不好等。這些藉口其實都不是理由，它只會限制個人潛能的發揮。

（二）果斷地決定

　　果斷地做出決定，不再為自己找藉口，便能在很短的時間裡讓自己徹頭徹尾地改變，不管是家庭、事業、心態、健康、收入，乃至於人際關係。我們可以說，「決定」乃是一切改變的動力。

　　有些人經常抱怨他們的工作，當被問起為何還要去上班時，他們的答案都是：「我不能不去工作。」事實上他們沒有這個必要，不必每天一成不變

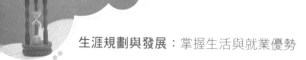

地去上班，只要他們敢在今天下決定，從此要重新生活，不再像以前那樣，就可以了。同樣地，此刻的我們也可以做個新決定，只要真心想這麼做，那麼就沒有什麼事能夠難倒自己。如果不喜歡目前的工作，就換掉它；如果不喜歡目前的個性，就改變它。只要對自己任何方面不滿意的話，都可以加以改變，不過先得做出決定，這樣人生才能改變。

生活故事

林書豪精神

　　2011 年底，因大腸癌開刀住院的前總統李登輝，某日出席群策會所舉辦的「青獅營世代會談」，與年輕學子面對面座談。有學員關心李前總統的身體現況，他答覆，他年輕時常常運動，身體非常健康，鮮少生病；沒想到卻在九十歲時發現罹癌，這年紀還開刀是相當辛苦的，術後休養也比較慢。他也表示，若在一週前，講話的聲音還沒有現在宏亮；2012 年 3 月大概就能恢復較正常的作息，屆時會搬回大溪居住，希望還可以打打球。李前總統自嘲，他再活五年應該沒問題，以後就無法了解了。

　　對於林書豪現象，他以同為基督徒，且打過一年籃球、一年棒球、三年劍道的過來人指出，林書豪說以後要去當牧師，就是沒有私心，他在坐冷板凳的兩年間能靜靜研究，看他人如何打球，思考如何幫助隊員得分，這就是認真、理性，也是一個人偉大的地方，年輕人應該向他學習。

第二章

知識生涯規劃

第一節　有效地學習

　　本節要討論三項主要的議題：一、加強學習動機；二、有效的學習方式；三、對學習的堅持。

一、加強學習動機

　　學習動機是直接推動一個人學習的內在原因，學習動機的實質是學習需要。學習動機具有引發學習行為的激勵作用，驅使我們採取一系列的學習行為。學習動機能將學習者的行為引導到一定的學習目標，並避免、摒除那些對於動機和目標實現不利的行為，直到達成既定的目標。學習動機還具有維持或加強學習活動的作用，如果學習動機的強度小，易造成學習的半途而廢或失敗、氣餒。正因為學習動機有如此重要的功能，所以它是影響學習效率的重要變項。

　　根據心理學工作者對 10,059 名青少年學生的調查，各類學校中各年級男女學生的學習動機有四種類型：(1)學習動機不太明確者，占 15%，(2)學習只是為了履行社會義務者，占 18%，(3)學習是為了個人前途者，占 23%，(4)學習是為了國家和團體利益者，占 44％。如從不同的角度加以分類：按學習動機的內容和性質，可分為正確動機和錯誤動機；按學習動機的動力來源，可分為外部動機和內部動機；按學習動機與學習活動的關係，可分為直接動機

與間接動機；按學習動機的地位和作用，可分為主導動機與次要動機；按需要的種類，可分為成就動機、尊重動機、交往動機等。那麼，我們該如何培養和激發學習動機呢？

（一）強化學習動機

有一個實驗證明了回饋的重要作用。實驗者規定兩組受試者須以最快的速度與正確性來做同樣的練習（如減法、乘法、寫字母、找出課文中的外國字等），連續測試七十五次，每次三十秒鐘。在前五十次的測試中，對甲組增加三項誘因：知道每次測試的分數、測試期間不斷予以鼓勵並督促他們努力去做，以及對於所犯錯誤加以分析；對乙組則無這些指示練習。在測試五十次以後，將兩組指示調換，也就是對乙組增加上述三項誘因的指示，而甲組則取消這些誘因。結果顯示，在前五十次測試中，甲組的成績比乙組好；而在後五十次的測試中，甲組的成績變差了，乙組的成績則明顯上升。透過回饋的方法，學生看到自己在學習上的進步，已有的學習態度和學習方式得到肯定，而激起更進一步學好的期望；這也說明了，適當的缺點與相當的回饋，能使學習者從中明白自己的差距而受到鞭策。回饋的方式，可以直接由教導者提供，也可以由學習者經由自我檢查、自我評價來進行。

（二）培養獨立進取的個性

學習動機與獨立進取的個性是密不可分的，個性是獨立進取還是被動退縮，則與動機水準關係密切。因此，上進心強不強對學習影響很大。上進心強、抱負水準高，將持續地推動學習活動高效率地進行，而良好的學習效果又給學習動機帶來自我強化的作用。反之，若缺乏上進心且抱負水準低，只能使學習處於被動狀態，甚至放棄學習，造成惡性循環。

（三）設定適度的學習目標

中等難度的學習目標是指經過努力可以實現的目標。太容易的目標無法

滿足自己的成就感，則不足以激發動機；而難以實現的目標，也容易使自己畏縮及氣餒。因此，中等難度的學習目標，能使自己從中體驗到成功的感覺，進而導致學習興趣的產生，激發學習動機。

良好的團體氣氛對其成員的學習動機也有重要的影響。個人的行為在相當大的程度上，取決於團體的要求和期望，個人的學習動機由於想得到所在團體的重視而受到激勵，學習效率也可以由此而提高。所以，努力形成一個相互競爭又相互理解和支持的團體氣氛，對培養和激發良好的學習動機有著積極的作用。

二、有效的學習方式

你了解自己的學習方式嗎？透過以下的具體分析，有助於了解與改進自己的學習方式，取得更好的學習效果。

（一）認識學習方式

學習方式對於學習的成敗，有著非常重要的影響。一個人要改進自己的學習方法，找到最經濟有效的學習方式，就必須對於各種學習方式的特點有較為清楚的認識。

學習方式就是，對於學習環境中所顯示的訊息進行接收和處理的方法，而接收和處理外界刺激訊息的方式與方法是因人而異的，一般會分為認知類型和記憶類型。認知類型中又分為衝動型、中間型和熟慮型等三種，熟慮型對刺激做出反應的時間較長，但錯誤較少；衝動型則相反，會對刺激立刻進行反應，但錯誤較多；而介於兩者之間的則為中間型。

記憶類型的學習又分為視覺型、中間型和聽覺型等三種。視覺型學習方式的特點是對寫在紙面上的東西，看過或讀過後比較容易記住，這種類型的人能夠在眼前浮現出各種事物，例如：某個東西、某一本書的第幾頁第幾行都能浮現出來，在學習時，對圖表、表格等容易記住。聽覺型的學習方式是由耳朵聽到的東西（如聽人講課、讀書等）就容易記住，這種人大多與運動

型記憶聯結在一起，記憶東西時要發出聲音來，一看到文字就似乎聽到文字的讀音，如果不許發出聲音讀，就會感到困難；此外，書中的圖表對聽覺型的人所引起的作用較小。除了以上兩種典型的記憶型學習方式外，還有介於兩者之間的情況，即為中間型的記憶學習方式。

（二）克服學習弱點

假如你是衝動型學習方式的人，就應該有意識地去加以克服和改進。在學習和考試中，要時常提醒自己不要衝動，要冷靜地思考，盡量少犯錯誤，也可以求助周圍的人經常提醒自己，或者採用座右銘暗示法、自我強迫延期法、反應遲後報酬法等，使自己逐步學會克制自己的衝動，並學會深入觀察、認真思考，分析事物的構成成分，找到其內在的微妙聯繫；久而久之，就會自然地克服掉衝動型學習方式的不足，使自己的學習速度和品質得到提高。

熟慮型的學習方式有其優點，也有其不足。熟慮型學習方式的人應該時常提醒自己，熟慮不等於瞻前顧後或優柔寡斷。在學習和考試中都有時間限制，要培養理智果斷、敏捷果敢的習慣，注重學習品質又兼顧學習效率。不管是聽覺型記憶的學習方式，還是視覺型記憶的學習方式，都是學習中不可缺少的，且不同學科的知識對兩種記憶的依賴程度也會不同。假如自己是聽覺記憶型學習方式的人，最好在視覺記憶型的學習方式上刻意培養；同樣地，假如自己是視覺記憶型學習方式的人，在充分發揮其優勢的同時，也應該特別培養聽覺記憶型的學習方式。

三、對學習的堅持

要完成學習任務，順利地執行自己制訂的各種學習計畫，達到預期的學習目標，就必須正視各種困難和問題，並認真克服困難和解決問題。在學習過程中，不可能完全沒有困難和問題的，只有在學習過程中不斷地克服困難和解決問題，才能取得廣闊而又高深的學問，也才能增長智慧和才幹。克服

學習中的困難和解決學習中的問題，其關鍵是靠堅強的意志和良好的性格，以及「就算遇到困難也要堅持到底」的精神。如果缺乏這種精神，就會在困難和問題面前表現出懶惰、浮躁、驕傲或自卑，學習就會喪失方向、沒有衝勁，學習效果就會不好；如果具備這種精神，在困難和問題面前，便會表現出勤奮、嚴謹及謙虛，學習效果和品質自然就會不斷提高。因此，學習需要有堅持性。那麼，該如何培養堅持性呢？

（一）熱愛學習

熱愛學習是最好的老師。許多事業上取得成就的人，之所以能有成功的事業，其中很重要的一個原因，就是因為他們從青少年時期開始，就對自己將來所想要從事的事業保持濃厚的興趣。達爾文（Charles Robert Darwin, 1809-1882）在其自傳中說：「就我記得，我在學校時期的性格來說，其中對我後來發生影響的，就是我有強烈而多樣的興趣，並沉溺於自己感興趣的東西，喜歡了解任何複雜的問題和事物。」

另外，可確立富有社會意義的遠大目標，其學習的目的愈高尚，社會意義愈大，也就愈能形成巨大而持久的學習動力，而只有具遠大的目標，才能堅持不懈地行動。李時珍（1518-1593）在青少年時代就立下了宏大志向，他編著的《本草綱目》是醫藥學寶庫中一份極其珍貴的遺產。這部長達一百九十五萬字的巨著，是他從三十五歲時即開始撰寫，前後用了整整二十七年的時間才完成。在撰寫過程中，他經年累月地在深山野谷中採藥，訪問過成千上萬的樵夫、獵戶、漁夫、藥農，閱讀了許多書籍，並做了無數次的試驗，克服了許多困難，傾注了畢生的精力，才實現了他的目標。

（二）堅持不懈

目的和計畫一經確定，就要滿腔熱情，信心十足，勇往直前，堅持不懈。只懂得道理和擁有良好的願望是不夠的，還必須在學習、生活和實踐中進行艱苦的意志磨練。在攀登任何事業或學術高峰之過程，總會碰到許多困

難，需要經歷許多曲折和反覆，也要有一步一腳印的精神，更要有不屈不撓、堅忍不拔的毅力。

學習態度要嚴謹，認真鑽研不馬虎。各門學科的知識都要從基礎開始學起，要掌握這些基礎的科學知識，必須認真嚴謹，絕不能敷衍了事。在學習過程中，應該嚴格要求自己，正確使用科學語言，按照科學的概念、定律、公式，運用科學的思維方法，進行正確的科學表達，以達到對問題的科學認識，逐步培養嚴肅的科學態度和嚴謹的自學習慣。

生活故事

服務學習

教育部在 2012 年 9 月 9 日表示，為推動大學生參與志願服務，鼓勵各校規劃服務學習課程，目前已有九成大學將服務學習納為必修課。為鼓勵大專校院學生積極參與服務學習，並培養核心能力，教育部在 2007 年頒布「大專校院服務學習方案」，鼓勵各校成立服務學習推動單位，規劃服務學習課程，以推展並落實服務學習。

教育部訓育委員會指出，2008 年已有一百二十所大學規劃服務學習課程，到了 2012 年，已有一百五十所大學將服務學習納入正式課程，在全台一百六十四所大學中，約占九成一，各校規劃不盡相同，不一定給學分，但幾乎都是必修，因此大學生幾乎都必須修習服務學習課程才能畢業。訓委會也表示，雖然各校都有服務學習課程，但內容可自定，例如：可配合科系特性規劃，醫學系可做醫療相關服務，電機系可做電腦維修服務，學生只要撥出一些時間就能完成課程，相信不會對學生造成太大負擔。

第二節　必要的技能

本節要討論兩項主要的議題：一、生活技能；二、社會技能。

一、生活技能

（一）蓋茲的故事

比爾‧蓋茲（Bill Gates, 1955-）過去曾是世界的首富（2012 年排名第二），可是他卻給自己的子女樹立了如何合理花費的典範（此為生活第二大技能，第一大技能是賺錢，將在本書的第二部分「就業發展」第九章之討論）。許多人會認為，賺錢的技能比花錢更重要，理由是：沒有賺到錢，如何談花錢？其實不然，假如個人沒有生活的目標，怎麼會努力用功地去學習各種知識與技能？俗語說：除非是有計畫的目的地，一個正常的人不會走得很遠的。根據這個道理，比爾‧蓋茲認為，合理花費金錢的教育是生活技能的首要任務。

蓋茲深深認識到了金錢會給子女帶來的不良影響和傷害，於是他寧願把錢捐給慈善機構，也不讓自己的子女揮霍。在最近幾年，蓋茲和妻子累計的社會捐款已在十億美元以上。他可以向不認識的人如此大方，但卻對自己的子女很「吝嗇」。他曾宣稱：不會給子女們留下很多錢，因為在他看來這對子女沒有好處。在蓋茲的影響下，他的子女雖然生在富豪之家，但卻懂得節儉，因為他們知道：一切只能靠自己奮鬥。

蓋茲以身作則，給子女們樹立了生活樸素、不浪費的好形象。有一次，蓋茲開車到希爾頓飯店開會，因為到達時已經很晚了，沒有車位，有人建議他把車停到飯店的貴賓車位，但蓋茲馬上反對：「不行，這要花十二美元呢！」對於蓋茲的財富來說，這十二美元真的是太微不足道，但他認為哪怕

只是幾分錢，也應該讓它發揮出最大的效用。蓋茲的行為告訴我們，人只有正確的用自己的錢，才能真正做到事業有成、生活幸福；只有知道怎麼花錢的小孩，長大以後才能獨立生活。

（二）心理迷失

當前，我們的教育關於花費金錢的社會技能，亟待走出四個心理迷失：

1. 補償心理：在生活之中，有的父母因為自己小時候曾經受過挫折，就把挫折看成了人生的遺憾，當他們成為家長後，為了避免子女也受到挫折，就經常給予子女格外的關懷，使子女產生了依賴心理，在子女長大以後卻都不能獨立生活和工作。

2. 評比心理：父母常將自己的子女與他人的子女相比，這種比較通常只看到了他人的優點，而沒有看到自己子女的優點，動不動就批評子女，這樣就會很容易使子女變得自卑、嫉妒他人，甚至變得孤僻。在長大成人之後，更難以設定個人的生活目標，而謀求生存技能。

3. 從嚴心理：很多父母會逼著還很小的子女去學鋼琴、畫畫等，逼著有升學壓力的子女練習大量試題，使子女們的生活非常緊繃。子女在這種環境裡，不僅身心受損，還可能會導致精神不集中、失眠等。

4. 放縱心理：父母忽視經濟發展、生活水準不斷提高等現象，對教育的重大影響，對子女的行為和交往不聞不問，最終使子女走上了迷途。

二、社會技能

學生時代要學會生存及生活的技能，進入社會之後要面對工作中的社會技能。每個工作的人都扮演著組織中的角色，但是他們扮演角色的方式不同，尤其是與他人相處的能力之差異。當一個人在社會中生活得愈久，社會技能會扮演愈重要的角色，如此，他們的社會技能層次就更要提升。

以工廠的領班為例，好的領班能使產量比其他領班提高一倍，而抱怨降低到八分之一、曠工和離職率降低到五分之一。再以甄選面試為例，如僅以

卷宗資料為依據，有些甄選委員能將甄選人才的有效度從 40%提高到 70%，然而有些甄選委員則反而會降低有效度。

人們之所以讀書、學習，其目的就是為了要加以運用，要想更加深刻地理解所學到的書本知識，就必須透過運用來實現。同時，我們所學習到的書本知識，是前人的直接經驗總結後的結果，但隨著客觀世界的不斷發展變化，我們對客觀世界的知識也要進一步地進行了解與吸收，這也是人類進步的一種形式。牛頓（Isaac Newton, 1643-1727）在對自然界進行長期觀察的基礎上，發現了支配自然界的三大定律，並為經典物理學奠定了良好的基礎。但是，某一天人們卻驚訝地發現牛頓定律竟然失靈了，在經過科學家們的不斷探索後，最後愛因斯坦（Albert Einstein, 1879-1955）發現並掌握了微觀高速世界的運動規律。

隨著研究的不斷深入，人們將會發現更多的新定律，這種不滿足現狀、不迷信書本的精神，才會使人類的認識逐步深化。

（一）社會技能

一個社會人擁有社會技能是必要的生存條件，它包括兩個層次：一般性的社會技能與功能性的社會技能。前者是指日常生活中以人際關係為主的社會技能，後者則是指具有督導或教導任務的社會技能，包括主管、老師、父母或長輩身分者應當具有的技能。

在某些方面它們很像運動技能，例如：開車，緊急的時候要進行迅速的更正，只是現在我們所做的動作是社會信號，而語言必須配合正確的非語言形式，並表現出溫暖和鼓勵的態度；另外，考慮他人的意見也很重要。大部分的社會技能都涉及合作，而這也要求精細的分工，以及在相關行動時保持一個協調的過程。

社會技能的首要項目是遵守規則，例如：面試委員必須了解面試的常規，可能會詢問私人問題，或是可以做記錄等。訓練人們與不同文化和社會階層的人相處之訓練課程，就包括了相關的文化背景、習俗和常規。

以一個主管為例，啟動結構性的守則，指示人們如何工作、安排日程、告訴員工對他們的期望，並激勵他們，這肯定會影響其工作的表現或產量，而且必須要做得有技巧，不然其工作滿意度就會下降。

（二）友善態度

其次，社會技能的第二個項目是考量人際關係或態度。幾乎在所有的工作中，與工作伙伴合作是一項核心的任務，除非運用正確的社會技能，否則很難成功。工作中友善的人際關係，例如：主管如何照顧員工，如何表現友善可親等，這些舉動都會影響到員工的工作滿意度、曠工或離職率。主管的主要功能是指出成功表現的路徑，並確保這會使員工得到獎勵。這項理論指出，如果主管能使需求的滿足與有效的表現一致，那麼員工就會工作得更努力。而易有挫折感的工作需要較多的主管支持，缺乏結構的工作則需要較多的指引（特別是對於習慣服從權威的員工而言，更加重要）。

（三）具備說服力

在工作關係中，特別是主管領導風格中，還有一個重點：參與。民主和具說服力的主管允許他們的員工參與決策，有時則採取團體決策的形式。經由參與，員工通常對決策有較高的接受度，貫徹的意願也比較高；若沒有參與，則可能會出現抵抗和敵對的狀態。在參與型領導下，工作滿意度通常較高，而且曠工也較少。

主管的智力有影響嗎？有心理學者發現，高智力的主管比較有效率，他們的團體績效較高，但是這只有當主管是指導性且自己沒有壓力（尤其是他們與自己上司的人際壓力），而且團體成員也支持主管時才會發生。其中，有學者發展了魅力領導的概念，這種領導能喚起並激勵員工，使他們達成目標，並瞄準更高目標。魅力或改造型的主管被認為在傳播一種前景與使命，在他人的心目中保持一個正面的形象，而且透過主管的存在提供靈感和鼓勵。

　　讀者不要認為上面所指的是主管的問題，其實不然，員工也可以運用一些有用的社會技能來影響他們的上司。以下依序有四種常用的社會技能：

1. 理性的爭論：當員工認為主管錯誤，應當以理性的態度與其討論。
2. 彼此諒解：在討論之後，假使依然有歧見，這可能是由於立場或觀念的差異，就要彼此諒解。
3. 訊息分享：員工之間有時會擁有主管所沒有或不知道的好消息，例如：某人家裡有喜事，或者中樂透大獎等，可以與主管分享，其得到的回饋將可能是主管會分享一些公司的內部秘密。
4. 相互鼓勵：當工作碰到了瓶頸或績效不如意時，此時員工應該與主管共謀因應對策，並且互相鼓勵。

　　第一線的主管需要有領導的技能，也要有其他的技能。他們與員工相處的時間相對較多，約占 66%，都比上層主管還要更多。不論是哪個層級的主管都必須與人相處良好，不僅要對人和善，還要了解現況及團體和組織的運作，他們也必須有能力設計工作流程的系統和行政結構。

（四）技能訓練

　　如何使上述這些技能的訓練達到最好的效果？多年以來，人們都是在工作中學習，但這是一種效率很低的方法。追蹤研究發現，這些訓練對客觀的工作表現及工作滿意度都有實質的改善效果。在職訓練對於某些工作來說，例如：警察勤務，是很難在實驗室裡創造一個模擬的真實情境，其變通方法之一即是在職訓練，讓一個教員跟著受訓者，觀察他們的行為，並給予建設性的講評。公司或個人若有一個顧問，將有助於改善前景，除了提供幫助和建議外，還能為受訓者提供榜樣，也較能帶他們進入社會網絡。

　　技能訓練應用在其他領域中，演講、討論、閱讀和看影片等，都是常見的教育方法。它們對社會技能訓練（Social Skill Training, SST）也有寶貴的貢獻，特別是資訊多的時候，例如：跨文化訓練。但是，技能無法僅從書籍或手冊中獲得，所有的技能都需要配合訓練。

生活故事

生存價值

　　生存價值是生活的基礎。有兩位病人，一位是來自政府的官員，另一位則是來自工廠的工人，十分巧合他們患的是同樣的病，並且住進了同一個病房。政府官員每天都有不少親朋好友來探望，妻子說：「家裡的事你不要操心，什麼都好好的……」朋友說：「現在，你什麼都不要操心，只管安心養病，一切有我們呢！」機構派來的人安慰說：「你安心養病，所有的事我們都替你安排好了，你現在的工作就是養病。」

　　然而，那位工廠的工人，每天只有一個十二、三歲的小男孩守護著，他的妻子隔八天或十天才能來一次，或送一點錢來，或拿幾件換洗衣服來，每次來總要說這說那，讓丈夫想辦法、拿主意：「工廠快要解散了，現在工作難找，我們該怎麼辦呢？」、「再過兩天，兒子就要開學了，你說錢要去哪兒借呀？」一個多月後，政府官員在親人們呼天搶地的哭聲中離開了人世，而那位來自工廠的工人卻奇蹟般地活了下來。據他所說，是因為家裡的人還離不開他，閻羅王趕他回來處理未完了的事情。

　　當我們活著時，我們需要的不僅僅是輕鬆地捨棄，還需要有責任的負擔，否則人生就會成為一種生命中不能承受之輕。因為我們都需要也都在不停地尋找自己的生存價值，支撐著我們的生存信念。樹立自己的理想，堅守自己的責任，我們才能找到真正的自我，找到自己存在的價值，這是我們存在的根本，也是我們生活的主旋律。

第三節　加強記憶力

本節要討論兩項主要的議題：一、加深記憶；二、改善記憶。

歷屆的美國總統發表演說的時候，一般都會脫離演講稿，而他們這種脫稿演講的習慣，完全是沿襲了古代雅典政治家們的演說風格。古代的政治家在不看文稿的情況下激昂陳詞，無疑成為後代人們學習的典範。這種脫稿情況下的慷慨激昂，經常成為鼓舞人心的成功演說。

因此，成功的人應經常在事前有著精心準備和熟練的背誦，而牢固的記憶、熟練背誦相關文章等，則需要有一個良好的記性。在這種情況下，有效的記憶方法就顯得很重要，這可以幫助我們快速、牢固地記憶訊息。儘管如此，僅僅掌握和使用一些促進記憶的方法，還不能夠明顯地改善記憶力。作為一種輔助性的記憶工具，紙和筆最主要的作用，就是改善人類的記憶力，而現在的智慧型行動裝置，更是極佳的輔助性記憶工具。

一、加深記憶

加深記憶有以下四種策略。

（一）記憶對象

比起那些次要訊息而言，我們更容易記住那些對自己有價值的重要訊息。有一些比較特殊的訊息或經歷（例如：初吻的經驗、第一次站在演講台上發表演說、無意中說出了令人感到尷尬的話時），會在我們的大腦裡留下深刻的印象。除此之外，只要我們能夠賦予其一定的意義或者價值，例如：運用形象思維在大腦中對記憶對象進行聯想、想像，或者尋找、發現這些訊息對我們的重要性等，我們就會對其產生較為深刻的認識。又如：比起把自己的姓名寫在文件裡面，將姓名寫在文件夾的外皮上就會更顯眼、更容易給

人留下深刻的印象。而那些對自己來說並不怎麼重要的訊息，例如：公司內部的「備忘錄」或是「會議紀錄」，就會很容易被我們忘記。

（二）選擇性記憶

　　儘管我們的大腦看上去有巨大的容量和超強的記憶力，但是每個人都會遇到記憶「瓶頸」。因此，在一下子需要面對並記憶大量新訊息時，例如：同時結識了很多的新朋友，需要一一記下他們的姓名；在更換工作以後，有大量的新工作等著自己去學習、完成；剛剛到了一個陌生環境，人生地不熟的時候，需要有大量的事情等著自己去熟悉等等，你應該讓自己學會選擇性地進行記憶。

　　自己對所要記憶的訊息投入的注意力愈多，就愈能牢固地記住它們，反之，一次性關注的新訊息過多，必然會導致注意力的不集中。當注意力不集中的時候，所需要進行記憶的內容愈多，實際能夠記住的內容就會愈少。因此，我們應該集中精力、有所選擇地記憶那些對自己來說最為重要、最為有用的訊息（例如：先做老闆最急於完成的事情，或是當務之急先找到回家的路等），千萬不要讓自己一下子記憶過多的事情或訊息。

（三）消化記憶

　　人的大腦不可能一次性地記住太多訊息，也不可能永久性地牢記所有訊息。假如我們一下子就往大腦中輸入過多的訊息，而又沒給自己留下記憶、複習的時間，此時就會有一種腦子被塞得滿滿的感覺。當覺察到自己的記憶力有所減退時，也就是說，當自己感到大腦無法再繼續接收來自於外界的新訊息時，最好就此打住，例如：在學習使用一台智慧型手機的過程中，當覺得自己再也學不下去的時候，就不要再強迫自己繼續學習下去。

　　事實上，在出現記憶力減退之前，就應該提前中止對新訊息的吸收。因此，要想保證大腦記憶的效果，就應該學會適時地中止大腦對外界新訊息的吸收，讓自己的注意力始終集中在對重要訊息的吸收和記憶上。此刻，不妨

稍作休息，先讓大腦恢復原有的清醒，才可以有效地開展下個階段的記憶工作，更好地發揮大腦儲存訊息的功能。在學習、掌握一種需要付出體力的本領時，在發展一種需要體力和腦力並用的技能時，能否做到這一點就顯得尤其重要了。

（四）理解記憶

理解記憶比死記硬背更有效。死記硬背是一種機械的、不顧內在聯繫的、低效率的記憶方法，因此採用這種方法記憶所需的訊息是較為困難的。在對記憶對象有所認識和了解的基礎上，運用自己的理解發現其內在的聯繫則可以幫助我們加快、加深對它們的記憶。這就如同對各種各樣的記憶內容進行整理、歸納一樣，例如：我們可以把「我和某同事一起做過的事情」、「我第一次工作時的感受」、「需要回覆的信件」和「需要轉告的內容」等，作為訊息組織的標準，並將諸多的訊息進行分類與分組，以加強記憶。

二、改善記憶

改善記憶有以下四種策略。

（一）前瞻構思

假如我們發現原來那些較為輕鬆就能夠記住的事情，現在則需要耗費很長的時間才能記住的話，就應該回想一下那些與記憶對象有關的訊息，或者把所要記憶的訊息按類別「併入大腦已有的記憶中去」，例如：目前手頭上有大量的工作等著完成，以外又接到了一項新的任務，需要為隔天的會議準備發言內容。在這樣的一種情況下，不妨可以先在大腦裡對發言的內容進行初步的構思，擬定一下會議發言的內容。這樣一來，大腦就會為下一階段新訊息的吸收做好準備，再按照大腦中已經構思好了的大綱去選擇、尋找與之相匹配的詳細資料。等到做完其他工作，開始專心準備這次發言時，就已經完成了大部分的準備工作。假如在構思的過程中，能夠及時、簡略地隨時記

錄想到的內容和主要綱目，那準備工作就會做得更加充分。

（二）鬆緊有度

在面對一項較大的任務時，例如：如何系統地實施一項全面銷售計畫時，尤其需要有一個良好的記性。為了改善自己的記憶力，首先應該全身心地投入到整體方案的設計中，綜覽全局、統籌規劃，此時不妨將注意力集中到對整個方案中所包含的各個環節的設計上，著眼局部、大致規劃。與此同時，還應該避免過度追求細節，要知道對事情的規劃愈詳細，就愈容易犯以偏概全的錯誤。

有時暫時放棄對細節的關注，反而會帶來意想不到的好效果，尤其是在為一些細節絞盡腦汁時、在精疲力竭想要放棄時，事情反而會出現轉機，例如：在即將入睡前、在購物的過程中、在沐浴的時候，或在毫無徵兆和準備的情況下，大腦常常會冒出一些新的想法。因此，為了能夠充分發揮大腦的潛能，就應該給大腦留出一定的思考時間和空間，既要學會集中精力又要學會調節放鬆。一張一弛，鬆緊有度。

（三）回憶細節

在日常生活中常常會遇到這樣的情況：有時候自己已經知道有一種乳酪的口味很好，但一時卻想不起這種乳酪是什麼品牌的；當你去超市購物時，走到專門賣乳酪的貨架前面，即使面對各種品牌、各種口味的乳酪，你卻可以馬上選出自己最想買的那一種。除此之外，在學習中也同樣會遇到類似的情況：當你再次坐下來學習的時候，卻怎麼也想不起上次的學習進行到哪裡，但一旦翻開書以後，只要稍加瀏覽，就能夠很快地確定上次已經學過的內容。

（四）巧用關聯

當我們一時回想不起所需要的單字時，大多數的人會首先試著回想與這

個單字有關的其他單字,透過這種間接思考的方式而回想起自己需要的單字;這種方法有時是十分奏效的,這也使許多人認為大腦的思維至少是雙向的。然而事實並非如此,大腦的思維實際上是發散的,一個訊息點可以引發對多個訊息的回憶,進而使「儲存」在大腦裡面的諸多訊息得以鞏固,因此能夠尋找、發現事物或訊息之間的關聯,對記憶的鞏固是大有益處的。

舉例來說:深海潛水員只有在潛入海底進行實際的潛水練習以後,才能更牢固地掌握到所學的潛水知識和技巧;許多人一旦進入辦公室,就很容易把需要做的家務事給忘掉,然而當他們下班回到家的時候,就又能夠重新想起它們;有時候我們會以為度假能夠永遠忘記煩惱,但當度假結束返回家中,在重新面對熟悉的環境時,很可能會再次回想起之前的繁瑣事物,因為一時的逃避只能暫時遠離煩惱,在外界相關的刺激之下,我們不得不再次面對它們。

綜上所述,為了改善大腦的記憶力,我們不僅需要提高、強化記憶的技巧,同時還需要學會適時適度地遺忘。改善大腦的記憶力是一門學問,記憶力的好壞首先取決於對記憶內容的選擇,我們應該根據自己的學習目的或者實際需要,確定下一步記憶的內容。其次,記憶力的好壞還取決於能否限定記憶的內容,且應該根據自己的具體需要,篩選並進一步鞏固記憶對象,將那些對自己來說最為重要的訊息永久性地儲存在大腦中;另外,我們也可以把那些次要的訊息用日記本、手機或電腦記錄下來。

生活故事

生活的酸甜苦辣

有個農夫的小麥先是遭受蝗蟲肆虐,接著又是洪水泛濫。雖然他家裡仍有足夠的糧食,不致挨餓,但是他還是祈求神明給他一個風調雨順的豐收年:「求神明給我足夠的陽光與晴天;下的雨不要太多,剛好就好了,不要有病蟲害,另外還要有令人感覺舒爽的和風。」

　　神明同意了農夫的請求，農夫也看著他的農作物長得又高又漂亮，於是他跪下雙膝，由衷地向神明表達他的感激之情，但就在這時候，遠處傳來他妻子的哭聲。原來，他妻子撥開小麥的外殼時，才發現外殼裡空無一物。因為小麥在毫無外力的干擾下，枝葉長得太好了，卻反而結不了實。於是，農夫又跪在地上，但他繼續禱告的卻是：「神明啊！求你明年賜給我正常的氣候與環境，好讓我的小麥能長得結實。」

　　生活中有酸甜苦辣，它才會多采多姿；陽光賦予小麥高大的莖桿，和風賦予小麥美麗的麥葉，可是只有暴雨和蟲災的侵害，才能賦予小麥堅強的屹立和飽滿的內在。不要害怕生活中的麻煩，在麻煩中我們能更快成長！

第三章

人際生涯規劃

第一節　人際關係的基礎

　　本節要討論三項主要的議題：一、兩個重要的基礎；二、人際關係的問題；三、人際關係的關鍵。

　　從某種程度上來說，人類是群居動物。我們的快樂、我們的自尊、我們的心情、我們的繁衍能力等，都受到與之相關的人際關係影響。對我們來說，好的人際關係至關緊要，它直接影響著人類的生存功能。目前心理學上有一種治療方法稱為人際關係治療法，完全集中在改善與我們息息相關的人際關係上。為了達到改善的目的，大多數的人似乎都傾向於改變他人，而非自己。如果要想改善人際關係，我們唯一能做的就是改變自我，然後，其他人才會改變與我們的相處之道。

一、兩個重要的基礎

（一）真實的自我

　　在人際關係處理中，如果我們能與他人融洽相處時，仍能表現出真實的自我之一面，那就一定能夠取得良好的關係，這樣一來將會感到自在、舒服和快樂。但這並非意指著我們可以為所欲為，也並非暗指所有的人際關係都會讓自己感到舒適和快樂。當自己不那麼自我時，這些關係可能就會變得不

再穩定，也不太令人滿意了。隨之而來，便會對這樣的人際關係感到好奇、困惑，而很想試著去理解它們。

（二）改善關係的過程

改善人際關係的四個過程如下：

第一步：找出問題的癥結。

第二步：關注特別麻煩的區域。

第三步：學會駕馭自己的人際圈。

第四步：關注他人的反應和變化。

下面將用實例來說明，如何在改善人際關係時應用這幾個過程。

二、人際關係的問題

（一）美善的故事

美善是個二十二歲的女孩，在一個律師事務所當櫃台接待員，她和父母、妹妹一起生活，家人都認為她很文靜，是個乖巧的孩子。但是，她卻大多生活在痛苦和掙扎中。因為她覺得自己太胖了，所以總愛穿著寬鬆的深色衣服，雖然也曾經嘗試過節食、去健身房鍛鍊身體，但是每一次的減肥都失敗。不僅如此，她總愛責備自己，為此她陷入深深的絕望中。

在美善看來，除非能夠改變自己的身材，否則就不會有什麼好事情發生。在自尊和自信都受到沉重打擊的情況下，過去幾個月來，她開始學會用酒精麻醉自己。在和男朋友禮仁約會時，她喝了許多酒，還藉酒裝瘋地和他爭吵。他們曾經約好某個週六晚上約會，但是禮仁卻在那天和幾個同事去看球賽。第二天晚上禮仁和美善見面時，她竟然用一個菸灰缸去砸禮仁的頭，而禮仁則打了美善一記耳光。禮仁的反應促使美善開始反思自己的行為，醫生建議美善去找人際關係方面的心理治療專家諮詢。

（二）問題的癥結

　　她開始轉而去關注如何努力理解現狀。每次在得不到自己預期的效果時，她就會責備自己，甚至會產生罪惡感，她又從心裡意識到這並非生活的全部。她需要用更長遠的眼光來看待問題，因此她想：「我何時最失意？那時發生了什麼事情？我又會在何時最得意？是否在得意時也發生了同樣的事情？我是否一直在原地踏步呢？」她觀察到：自己在被朋友忽視時心情最糟糕；當他人對她品頭論足時，她會在爭吵後感覺最失意；在節食失敗後也會產生同樣的結果；當他人對自己十分友好時，她會完全忽視自己的體重，並且感到心情舒暢。由此可見，人際關係的狀況具有關鍵的作用，她開始對此產生了好奇心，並開始思考和典型的人際關係相關之問題，而非僅僅關注於自己的體重、自己的節食狀況和鍛鍊結果等問題。

（三）麻煩的區域

　　之後，美善集中精神思考了以下三個比較困難的人際關係區域。

1. 孤獨的問題

　　美善注意到自己無法長久持續地和朋友保持友誼。她常常在短期間內交了很多朋友，可是在一連串的爭吵後，又很快地分道揚鑣，她很難保持長久的友誼。她在之前從未注意到自己的孤獨，可能是她總愛外出的原因吧！但她卻從不和好友一起出門。這個現象已經存在很久了。她變得很被動，也開始慢慢接受他人的意見，使自己不再和朋友們爭吵。

2. 爭吵的問題

　　毫無疑問的，美善的人際關係的確相當特殊；曾經挨過的那記耳光可能是一個明顯的暗示！我們很容易了解，正是美善愛爭吵的個性，才導致了她的孤獨。

3. 角色改變的問題

美善的第三個困難：針對男人和女人略有不同。她感到自己無法平衡其與男女性朋友相處之間的關係。當她新認識一個男朋友時，每天晚上都會和他外出，而完全忽視了女性朋友的存在。然而，在結束了一場男女關係後，她又會發現原來的女性朋友都已不在原地等著她，留下她一個人孤獨地面對生活。

關注特別困難的範圍，更能顯示出美善在工作中的問題比預想的還要多，例如：即使她總愛挑起爭端，也能意識到自己在這方面的無助，以及試圖取悅他人的心理。爭吵只會使她感到更加傷心而已，雖然從其他事情上有很多證據足以說明她的失敗，但這是在人際關係上的失敗，而非節食或健身經歷的失敗。

（四）駕馭人際圈

無論發生什麼事情都能輕鬆自如地應對，這對美善來說好像很難做到。她總感覺其他人才會有更多選擇的機會，她似乎比較滿意自己在社交方面的作法，也才能從中得到一些小小的快樂。然而，當美善心裡關注自己特別困難之處，不顧及自己而一味迎合他人時，才會發覺自己的被動性可能也會受到人際關係變化的影響。她自己也應該針對所發生的事情擔負起一定的責任。

這是美善第一次問自己，究竟想從人際關係中獲得什麼。她開始思考自己的內在思想，特別是從心裡產生的對自我之希望。她不再像以前那樣沒有主見，而開始學會控制自我，例如：她計劃和一群女性朋友外出。她也不再擔心約會時會令對方不愉快，而開始關注自己的需求，也開始學會為自己辯護。當她發現自己正處於一個不太喜歡的關係中時，也有勇氣來結束它。她已學會了如何平衡與男朋友和與女朋友之間的友誼關係。

美善按照以上三個步驟實施了改善人際關係的計畫後，確實感到受益匪

淺。在人際關係中愈能把握自己的位置和角色，就愈能體會到自己的快樂，自我感受愈好，她就愈不想隱藏自己，朋友們都希望能見到她；因此，她不再擔心自己的體重和身材問題。美善在人際關係上的變化引發了一系列的反應：一旦她接受了自我，其他人也就更容易接受她。

三、人際關係的關鍵

當人際關係開始出現問題時，我們大多數的人都不太注意。這可能是因為對我們來說，需要人際關係才知道它的重要性。如果想改善它，或者想開發新的人際關係，那麼就一定要正視現實，以下三個方針可以幫助我們認識現實的真面目。

（一）改變自己

專注於改變自己，而非改變他人。如果人際關係處於緊張狀態，最大的關鍵就是要堅持自我，不僅自己需要改變，其他人也同樣需要改變自我。雖然其他人同樣需要改變自我，但是我們卻無法改變他人，改變他人的唯一方法就是改變自我，也就是要改變自己與他人相處的方法。改變自我是一件異常困難的事，因為自我總是認為應該是他人要先努力改變才對，所以毫無疑問的，改變與之相關的人際關係就愈發困難了。我們不應試圖改變他人來轉移自己的注意力，而是要學會改變自我，改變與他人相處的方法。我們所做的努力也同樣會促進他人進行自我改變。

（二）改變需要時間

當我們想改變自己與他人的相處之道時，他人或許會抗拒這種轉變，而繼續做些事情，希望我們變回原先的樣子。因此，改善人際關係需要很長時間的付出，不是一時的改變就能有效果，同樣都需要忍耐力和毅力。

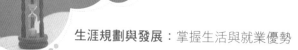
（三）接受人們的本來面目

我們一定要壓抑如下的想法：「要是他能告訴我究竟在想什麼就好了」或者「要是他不那麼嚴屬地批評我就好了」。人們應該撇開自以為是的想法，提醒自己面對現實。如果我們的確想改善人際關係的話，那就應該接受人們的本來面目。一旦自己發生了改變，其他人也會慢慢開始改變自己，繼而就能發現是否可以彼此融洽、友好地相處。如果在努力嘗試改變自我之後，仍然發現彼此的關係沒有得到進一步改善，而且自己仍然希望他人會有所不同的話，那麼最好的辦法就是結束兩者之間的關係。

生活故事

人情味

有一名推銷員到一家公司去推銷，這家公司是老客戶。當到了經理室時，經理顯得特別高興，他熱情地招呼這位推銷員坐下，興致勃勃地說：「我告訴你，我女兒考上大學了！」結果，這位推銷員只點了一下頭，接著就問：「您看下月的貨，要訂多少？」沒想到經理立即變了臉色，不耐煩地說：「下月不訂了！」推銷員又問：「那以後呢？」經理乾脆說：「以後你別來了！」看來，缺乏人情味的人很難勝任推銷工作。

推銷要注意推銷以外的事情，也就是那些被稱之為「人之常情」的事。推銷員應當經常想想以下這些問題：要如何把「不一定買」轉化為「必須購買」；對顧客而言，值得買的不如想要買的；要理解顧客失去的恐懼大大超過得到的慾望；推銷應是幫助他人滿足某種願望；顧客只有在明白產品會給自己帶來好處時才會購買。如果把以上這些問題都想通了，推銷員對人的理解也就能達到一定的層次，而推銷成功的機率自然也就會大大增加。

第二節　人際溝通的技巧

　　本節要討論四項主要的議題：一、傾聽與肢體語言；二、展現坦白；三、應付抱怨和批評；四、學會拒絕。

　　態度和技能是相結合的，有時專注於提高技能可幫助我們轉變態度，但有時先轉變態度則更容易幫助我們提高技能。實際上，自信也可被看做一種語言或者一個工具，它能促進溝通和理解。下面將介紹能夠增進人際溝通的技巧。

一、傾聽與肢體語言

　　想想那些帶有侵略性格之人的行為，他們不會考慮他人的思想和需求，只是毫無節制地按照自己的想法執行。這樣的人不但不能成功地主宰他人，反而會讓自己處於劣勢中，很容易受到外界的攻擊。仔細傾聽他人的談話，意味著自己應全神貫注地專心理解其話語之意義，我們也需要確定自己的猜測是否準確：「看起來你很擔心……」或者「聽起來很受刺激」。

　　我們也可以藉由肢體語言展現自信。自信的行為是生理層面上的問題，利用身體可以展現出自己的自信程度。下面的練習有助於提高對這些特點的認識，但並不是唯一正確之法。練習的目的在於幫助我們多考慮自己發出的相關訊號，以及從他人處獲得的相關訊息。大致上，自信的行為包括保持正直誠實的自我，以開放的眼光看待眾人，既不阿諛諂媚，也不排斥異己。

　　練習一：想想自己所認識的人中最具自信之人（並非具侵略型行為之人）。站起來，模仿他或她的走路姿勢，從房間這頭走向那頭。如果有機會，再仔細觀察這種讓人感到自信的行為。此時，你注意到了什麼特點？

　　練習二：重複練習，這次考慮被動型的行為和侵略型的行為，並誇大其中的區別，例如：當感到情緒消極時，人們會避免眼神接觸；當情緒激動

時，人們又會目不轉睛地凝視。在與熟知的朋友談話中，查看每一種行為的類型，並觀察其反應及其中的區別。然後，看看自己是否能夠找到一個合適的折衷方案，尋找到合適的平衡。你能認清自己的肢體語言嗎？你想改變自己的某部分肢體語言以展現自信嗎？若有，可明確找出具體部位，並盡可能地找機會練習。

二、展現坦白

心裡想什麼就說出什麼，這是對自己的公平，「我想今晚六點鐘左右回家」這樣的表達並非自私的表現。尤其在希望得到這樣的結果時，一定要堅持自我，沒有必要含糊繞圈子地表達自己，也沒有必要靦腆害羞。當然，人們都有權利表達自己的願望、自己的需求，也都希望自己的觀點和主張能受到應有的尊重，那麼，我們就應該如此尊重對方。

假如我們想和某人談論一些困擾自己的問題，也可能十分想從對方那裡得到一些幫助，但是卻很難開口提出自己的困難和需要，例如：「我需要你的幫助來做決定」、「我需要發洩」、「我需要一個擁抱」、「我需要有一點私人空間」、「我需要討論一下週末的安排」、「我需要一點建議」、「我要抱怨一下」……。

承認自己的真實感受，不要認為這是自私的行為。那就是真實的感受，不應該感到有壓力，試著承認並接受自我的感受，如此才能正確表達之。對其他人來說也是一樣，他們有自身的感受，他們也有權利接受自我的感受，但是，他們並沒有權利以反對的理由去忽視或反制我們的感受；因此，任何一種感受都應該被我們承認並接受。然而，不要混淆了感受和隨之產生的信心。

三、應付抱怨和批評

無論是在怨氣中猛烈爆發出的言語：「你真沒用」、「你永遠也不可能勝任」……，還是私底下默默地怨恨，批評和抱怨都會促使情緒高漲，而怒

火中燒地爆發出來或者獨自生悶氣都是不好的兩個極端，平等待己待人才能幫助自己走出這個混亂的迷霧。

首先，在批評和人格詆毀中做出決定是很重要的一件事。每個人都有可能做錯事，有可能冒犯他人，也有可能不假思索或粗魯地行事，但這些都屬於特定類型的行為，是由某種特殊情況激發起來的。從這些行為上得到某種結論是毫無意義的事情，同樣的，也不要從某些助人為樂的行為中而妄下定論。若我們能正確地接受優點和缺點，那麼就不會輕易地作出錯誤的譴責。下面介紹三種不同的策略，以幫助大家應付外界的批評。

其一：拒絕被貼上標籤。如果有人這樣批評你：「你實在太富有邏輯性了，哪怕十秒鐘，你都不會讓簡單的想法在頭腦中停留。」那麼你應該如此回答：「有時候我的語言是很有邏輯性，但我認為那樣做十分有意義。」

其二：贊同批評並適當道歉。若有人批評：「你又遲到了。」那麼你應該回答：「是的，我很抱歉，最近一直被時間追著跑。」

其三：要求澄清事實。若有人說：「你頭腦不清、糊裡糊塗、沒有條理。」那麼你應該如此回答：「你有什麼理由這樣講？」或者「對你有何妨礙？」或是「你想讓我分清楚什麼呢？」

當情況出現太過離譜，而我們需要投訴或抱怨時，下面三個過程可能會對自己有所幫助：

第一步：給問題下定義。「昨晚你放的音樂讓我失眠了」、「我今年沒有得到加薪」、「這個訂單不完整」、「你給我的票是錯的」。一般規則：言詞簡單、意思清楚，不要猜測他人的態度或動機，堅持事實真相。

第二步：陳述自己的感受或觀點。「真讓人頭疼」、「我感到很抑鬱」、「我想肯定是什麼地方出錯了」。一般規則：僅僅說明自己的感受和觀點，注意不要誇大其詞。保持低調，不要譴責或羞辱他人。記住只關注「我」，而非「你」。

第三步：詳細說明自己的需求。「請在午夜後將聲音關小一點」、「你能告訴我為什麼嗎」、「我需要在週三前得到結論」。一般規則：一次只針

對一個人，清楚提出明確的改變，以便其他人能合理地進行改變。

　　無論提出批評和抱怨，還是受到批評和抱怨，都止於此，這樣才有利於我們恢復平靜。當感情變得激烈時，我們的雙眼會被蒙蔽，並且會扭曲正常的觀點和主張，魯莽地做事，說些讓自己將來會後悔的話，而促使矛盾衝突升級。如果我們的請求被忽略，或者有人無緣無故地對我們生氣或批評，我們一定會對其行為感到鬱悶或憤怒，此時在做出某種反應之前，一定要讓自己先平靜下來。

四、學會拒絕

　　當有人要求我們為其做事時，大多數人會迫於壓力而勉強答應，這種壓力正是與我們的正確判斷相違逆而產生的。為何如此？可能其中有三個理由：(1)我們大概沒有搞清楚自己做事的優先次序；(2)如果我們拒絕的話，害怕他人不高興或認為我們不好；(3)如果對方是朋友，答應就可讓對方滿意與高興。

（一）明確優先次序

　　我們應該只對那些自己真正想做的事情說「OK」，不要因為某些理由而茫然應允不應該做的事，例如：只為取悅提出要求的人而答應，或者是為了體現自己的重要性而答應。當我們欣然應允時，應該確認那是自己真正想做的事。相對而言，自己所應允去做的事情應該是對自己來說十分重要的事情，但如果我們不準備放棄其他也很重要的事情時，我們也可以拒絕額外的要求，例如：我們想在週日度過一個純粹的家庭聚會時間，就完全可以拒絕在週日給鄰居幫忙的請求。對自己公平些，在自己的願望、需求和其他人的願望、需求之間尋找平衡點。學會說「不」並非是自己冷漠無情，而是將自己的需求和他人的需求看得同等重要。

（二）委婉拒絕

　　如果有人請求我們去做某事，而自己又不希望這樣做，那就需要委婉地拒絕。我們沒有必要也沒有義務為此而多做解釋，因為任何人都有拒絕的權利。然而，我們會發現如果在沒有壓力、沒有任何勸說、沒有任何對峙和不安與驚慌下拒絕他人的請求，是一件很容易的事情。有些人認為，拒絕他人是一件很難做到的事情，因此，委婉地拒絕需要一些策略，這主要是源於我們的公平意識。

　　下面幾個拒絕的方法既能輕鬆說出口，又容易被他人所接受：

1. 清楚地表達出對他人賞識的感謝：「非常感謝你能對我提出這個請求」、「太好了，我真的非常感謝你來問我」。

2. 認識其他人的優先次序和希望：「我了解這對你來說非常重要」、「我理解其中的困難，但是……」。

3. 提出拒絕的明確理由：「我已經承諾他人要去……」、「我的時間不足以來……」、「我不了解」。

4. 幫助別人解決困難。我們可以給求助者提供建議，例如：他們還可以尋找其他某些人的幫助。此舉的目的是站在對方立場確實考慮問題，希望能找到有效的解決途徑，而不是「事不關己，而無關緊要」。

（三）隔夜法則

　　不要輕易地承諾或拒絕，至少要給自己保留一夜考慮的時間。這樣，我們才能充分審視其重要性，也才能最終確定是否答應幫忙。這個法則將會為我們減少很多不必要的遺憾。用一夜的時間來考慮，就足以讓我們全面了解問題了。

生活故事

生活與邏輯不同

　　格林教授每天都要給臨睡前的孫子講個故事，但《家教週刊》上一篇叫做〈三個獵人〉的故事，卻讓格林教授講不下去。故事是這樣說的：

　　從前有三個獵人，兩個沒帶槍，一個不會用槍。他們碰到三隻兔子，兩隻兔子中彈逃走了，一隻兔子沒中彈，倒下了。他們提起一隻逃走的兔子往前走，來到一幢沒門沒窗沒屋頂也沒有牆壁的屋子跟前，並叫出房屋主人，問：「我們要煮一隻逃走的兔子，能否借個鍋？」主人說：「我有三個鍋，兩個打碎了，另一個掉了底。」

　　「太好了！我們正要借掉了底的鍋。」三個獵人聽了特別高興！他們用掉了底的鍋子，煮熟了逃走的兔子，美美地吃了個飽。

　　格林教授琢磨了好幾天，也沒有琢磨出這個故事是什麼意思。於是給《家教週刊》寫了封信，指出這篇故事讓人搞不清楚的邏輯性錯誤：其一、中了彈的兔子怎麼能逃走，沒中彈的兔子又如何會倒下？其二、既然兔子逃走了，獵人如何能將它煮來吃？其三、沒底的鍋怎麼能煮熟逃走的兔子，且讓他們吃飽？格林教授的信刊出之後，多家報刊做了轉載，格林教授也收到了大量的讀者來信。來信當然都是支持格林教授的觀點，格林教授深受鼓舞，對成人也看不懂幼兒讀物的現象，又一連發表了多篇批評文章。

　　一年以後，格林教授的家裡來了位客人。這位客人與格林教授一見如故，相談甚歡。談到了某著名大學畢業生，因為害怕失去一份高收入的工作，考上研究所之後卻放棄讀研究所的機會，而到證券行去做了職員；也談到惡名昭彰的黑社會份子卻被提名為議員，還登上了議長寶座，心中沒有民主理念的人卻被人民選為總統等現象，兩人更是唏噓不已、再三嘆惜。不知不覺大半天過去了，在醉眼矇矓中，客人突然舉杯問教授：「你還記得〈三個獵人〉的故事嗎？你現在能讀懂〈三個獵人〉了嗎？」格林教授愣了一

下，默然無語，客人停止說話，端起酒杯，喝了一口酒，又放下酒杯。過了不久，教授又喊：「喝酒、喝酒。」兩人便再喝酒，邊喝邊嘆，邊嘆邊喝。突然，格林教授眼睛一亮，「哎喲」一聲，端起酒杯頓了頓，說：「最簡單的真理往往最難發現。〈三個獵人〉就是為了讓孩子們從小就懂得，有很多可能的事情會成為不可能，不可能的事情卻會成為可能……」確實如此，若我們觀察兒童天天觀看的卡通戲劇內容，不是充滿了類似〈三個獵人〉的故事嗎？

最簡單的真理往往是最難發現的，最沒邏輯的故事也許隱含最深刻的道理。真實往往是透過一些誇張的手法而表現出來，最荒誕的論斷正是以它的光芒，讓我們看到其中曾過份忽略的事物，正像文中〈三個獵人〉的故事，它正以獨特的角度告訴我們：生活的現實與思維的邏輯是不同的，而生活才是真實的。

第三節　經營關係網絡

本節要討論三項主要的議題：一、人際網絡的意義；二、兩個錯誤觀念；三、經營人際網絡的策略。

一、人際網絡的意義

在周圍的人際關係網絡中，我們處於什麼位置，如何跟他人相處，如何行為處事，都由自己所扮演的角色來決定。一旦脫離這個關係網絡，我們就會由內至外發生轉變，因此倘若再回到舊有的關係網絡中，就意味著我們已不再適應原來的位置。而關係網絡中的那個位置，曾經適合過去且未曾改變過的我們，但因為我們的改變，它也不會再像過去那樣舒適自在了。只要關

係網絡中的一個因素發生了變化，其他部分也會隨之改變。下面是三個有助於理解關係網絡的實用推論。

（一）共同責任的原理

關係網絡中出現的問題並非是某一個人的單獨責任，大家應該共同承擔責任。下面的幾個例子展現出這個原理在工作中的運用。

例一：志祥是個十六歲很好動又調皮搗蛋的孩子，他的愛好廣泛，而且很喜歡社交活動。他常常在深夜肆無忌憚地玩樂器，或是在沒有得到允許的情況下和朋友們玩到深夜，甚至每逢週末又待在家裡睡懶覺；時常惹得父母擔心他到底有沒有到學校去上課，家人也都厭煩了他那不文明的音樂和隨處亂丟的垃圾。這個責任究竟應該歸屬於誰，應視涉及其中的當事人及當時的實際狀況而定。唯一清楚的就是，與此相關的任何人都有一定的責任，他們都在事情的發展中，至於如何解決問題，則需依靠他們是否能調節各自的行為和思想而定。隨後，我們將詳細闡述如何處理這些改變。

例二：世傑失業後，晴玟好像也跌入了萬丈深淵，就好像世傑再也找不到其他工作似的，早期的樂觀主義很快就煙消雲散，他終日無所事事，心情極其鬱悶，感到非常難過；他們夫妻倆之間的親密關係好像也一去不復返。晴玟現在要負責賺錢養家，而世傑則在家負責家務事，他們常常會爭吵不休，彼此都看不慣對方的行為舉止。

例三：世瑋今年十二歲了，因為總無法控制自己的情緒，所以被父母送到了醫院。他在家中的牆壁上到處亂寫亂畫，破壞家具，還一直尿床；所以父母想幫助他，將他送進了醫院。隨著醫生的深入診斷，世瑋的其他毛病也隨之暴露出來：因為父親上夜班所造成的困擾；父母間總為了錢的問題而爭吵讓他很不高興；其他兄弟姐妹總希望得到過多的關注等等。當家裡其他成員了解世瑋的感受後，隨後，家裡的緊張氣氛也慢慢得到了紓解。

例四：祖文和其他三個朋友一起在外面租房子住。其中一人離開後，他邀請另一個朋友過來一起住，但那個朋友卻沒有分擔自己該付的房租和其他

開支。雖然這位朋友也有一份很好的工作，可是他卻將收入全花在買電腦設備和度假上，完全沒有考慮到自己應該負擔的房租和其他支出。室友們紛紛責怪祖文，祖文也覺得很尷尬，但卻認為這不是自己的錯。

從以上這些例子來看，某個人的行為必定會影響到其他人，而這個網絡中的所有關係都會受到來自外界變化的影響（例如：失業、搬家），或者會受到其中某些人的行為影響（例如：祖文的那個不交房租的朋友）。此外，某個人的行為（如世瑋）可能也會是網絡中其他人相互影響的結果。因此，第一個實用觀點是：盡量避免成為「替罪的人」，不要把自己或他人完全當成產生問題的罪魁禍首。當自己的人際關係出現問題時，可能會出現下列幾個暗示：

1. 你可能因為某些變化而感受到了壓力。

　・這些變化從何而來？

2. 為了解決問題，你要發揮自己的作用，以適應新的解決方案。

　・如何適應？

3. 如果你能改變，你周圍的人際關係網絡也不可避免地會隨著相應改變。

　・你想做何改變呢？

　・最先要改變的是什麼？

　・別人會做何種反應呢？

（二）自我平衡的原理

人體可持續不斷地進行自我調節，如有必要會藉助出汗或發抖來調節體溫，維持穩定。人類的關係網絡也會有如此的自動調節作用，以達到平衡狀態。當網絡中的某一個人發生了改變，其他人為了維持以前的平衡狀態，常常會抗拒這種改變。他們通常會這麼說：「這可不像你了……」、「要是能看到過去的你該多好啊」。誠然，就像中央空調一樣，任何系統都會有其局限性，它可能會讓人冷得發抖，也可能會讓人熱得受不了。不過，在通常狀況下，單方面的改變也能促進對方的改變。

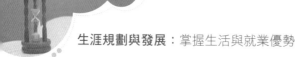

這個原理有兩層重要的含義：它既警告眾人如單方面改變關係可能會遭到其他人的反對，也強調了雙方相互和諧的改變之重要性，因此當我們和對方相互協調、互補式的改變時，對穩固關係才會發揮重要作用。按照此方法，再去「適應」其他人的改變，如此下去，整個關係網絡才能進入到另一個新的穩定狀態中。這也正是為什麼要學習如何談判，因為我們要了解既能幫助整個關係網絡發揮作用，也能持續進行變化的原因。

（三）談判的原理

我們在日常生活中，無時無刻不在進行著談判。或許我們會用討論、爭論等詞彙來描述，但我們最常用的就是多少帶有技巧性的談判。良好的談判應該達到雙贏的效果，或者雙方都肯做出妥協和讓步。然而，良好的談判並非是在分蛋糕，而是在烘焙新蛋糕。談判原理的基礎非常廣泛，其中的首要原則是在關係變化初期，狀況並不穩定時，若以瓜分利益為前題，最終必會取得相反的效果，因為人們的目的聚焦在於代價而非利益上，人們只關注於自己失去了什麼，而非透過齊心協力地努力，使每個人都能獲益。

不要將談判關注於其他人是否能變得更好，或者考慮將談判中的各方都置於危險之中，我們應該抱持著共贏的目的來進行溝通。利用競爭性的語言，其目的就在於想辦法讓大家在談判中都有收穫，而這並非是遙不可及的；其實，在美國哈佛商業管理學院和其他很多著名的商學院中，都會教育學習管理的學生要以此態度來對待任何一場談判。這種態度為堅持長期穩定的關係奠定了扎實的基礎，尤其在將理論應用於實踐的過程中，尤其能看到其中的技巧。

二、兩個錯誤觀念

以下是兩個阻礙人際關係發展的錯誤信念。

（一）不值得擁有的關係

需要努力獲取的關係不值得擁有。「我不應該做出努力」是妨礙人們解決人際關係問題的保守想法，它有多種展現形式：相信若經過努力才得到的關係一定不具備自發性，因為這是存有企圖的、目的不單純的、虛偽的關係；或者相信如果必須要努力才能得到，那麼這個關係也不會有多麼深入的發展；甚至相信努力獲取關係的人都有某種心理疾病，建議他們應該尋找治療，這樣的關係很脆弱，只要出現一個不滿的狀況，立刻就會使雙方各奔東西。

以上這些想法都是錯誤的，事實正與此相反，因為任何關係都需要人們努力維持。問題或許出在人們習慣使用的術語：「努力維持」。如果關係是一個系統，可以使用「適應」這個詞來取代「努力維持」。然而，對處於關係網絡中的人們來說，意識到這種「適應」同樣也需要「努力」是很重要的一件事。

（二）應該了解的感受

「你應該了解我的感受」，這是一句前瞻性觀點的話，需要謹慎使用。除非比較親密的人們之間能夠輕易接受對方的感情表露，而「親密關係」則意味著雙方應該能夠彼此理解對方的感受。事實上，正因為兩個人太了解對方，關係才常常會消失；隨後，當理解完全不存在時，抑鬱和難過的感覺就會在心裡產生。無論如何，我們都無法看穿對方的心思，無論人們之間的關係多麼親密，因為人們經常按照自己的觀點去猜想他人的想法，經常混淆了鬱悶和煩躁、專注與冷漠、受挫折與充滿敵意的世界等。

三、經營人際網絡的策略

關於經營人際網絡，專家提供了以下四個策略做為我們規劃的參考。

（一）明確表達

明確了解其他人的想法和自己的觀點。如果有人對我們說：「你在生我的氣嗎？還是因為其他事情難過呢？」此時要清楚表明自己的觀點：「我在生你的氣，因為你沒有打電話給我。」但不應該這樣說：「我受夠了，你永遠不告訴我你在哪裡！」

（二）尊重他人的觀點

若因為自己不喜歡而直接反對或拒絕，不如尋找自己能夠接受的觀點和建議，在此基礎上說：「好的。」或者「那麼，我們該如何處理呢？」這樣就可以避免發生衝突，而直接進入到談判之中。

（三）避免譴責

考慮一下多種觀點、多種選擇的存在，而不是只有對與錯之分。試著按照分擔責任的想法思考，認真樂觀地想一想：人非聖賢，孰能無過呢？在一陣指責、漫罵之後，只會激怒雙方，進而使對方更難承認自己的錯誤。不要進行譴責，而應該尋找共同轉變的可能機會。

（四）謹防矛盾升級

怒氣很容易上升，尤其是當人們被其他人的話語或行為所傷害時。憤怒會產生一種惡性循環，它會拒絕一切理性的討論以及任何的協商交易。通常，這樣的惡性循環將會導致新的關係模式：兩敗俱傷。

有時，可明確告訴對方究竟因為他們說了什麼，才會讓自己生氣，這是很有效的方法；同樣的，在生完氣之後，再回顧原因也是很有效的方法。當人們受到傷害和驚嚇時，就會產生憤怒的行為，其實，人們需要聲討的是傷害和恐懼，而非憤怒本身。

（五）克制侮辱性的動作

在感受消退之前，具有攻擊性的言論會阻礙談判的進行，例如：「我不能和你這種沒有邏輯性的人談話。」、「你實在太傲慢自大……太頑固不化……太愚昧了！」、「你和你父親／母親／姐姐一樣壞……」或者「每個人都了解……」、「我認為你能發現……」、「任何一個明智的人都……」、「我很大方，不會再追究……」。最好能避免這些具有攻擊性或刺激性的言論，當我們受到他人的攻擊時，最好也能完全忽視。

生活故事

低頭族

智慧型手機當道，也改變了大眾的網路使用習慣，您身邊的親友是否也都變成低頭族，成天查看手機或對著螢幕傻笑呢？當我們走在路上時，隨處可見低頭族，曾經在餐廳看到一對男女朋友對坐吃飯，一個忙著打卡上傳美食照，一個則忙著回應網路另一端如潮水般湧來的「讚」，到底是這對男女朋友在約會，還是在跟網路上回應的人們約會呢？

「低頭族」一詞意指，網路黏著度高、經常低頭查看手機是否有最新訊息、沉迷手機遊戲、高度著重與網友互動的智慧型手機使用族群。羅東博愛醫院精神科黃鈞蔚主任表示，比起傳統桌上型電腦或筆記型電腦，智慧型手機同樣具備網路連線的便利性，而且更加輕巧好攜帶，「只要使用大姆指，一鍵天涯若比鄰」，它確實讓人與人之間的溝通聯繫更為便捷。但是要小心，它也是一把雙面刃，若過度沉迷在網路世界，有可能會造成真實世界人際關係的疏離。

黃主任也指出，自己也有智慧型手機，聯繫親友或查詢資料確實很方便，偶而在等孩子下課的空檔，也可以玩手機遊戲打發時間；對他來說，智慧型手機就等於可握在手、隨身攜帶的縮小版電腦，是很好用的工具，但絕

對不是個「伴」。使用智慧型手機不是原罪，關鍵在於使用者的心態與習慣，黃主任說，相約吃飯不就是想跟約會對象獨處互動嗎？此時就應該好好把握眼前的美好時光，從聊天時的表情、眼神、聲音、語氣等互動，都有助於增進對彼此的了解與情感；如果只顧著低頭用手機跟遠方的人連繫，卻鮮少抬起頭來注視近在眼前的親友，「捨近求遠」，豈不是很可惜嗎？

　　當人們習慣於當低頭族，就會疏於直接的人際溝通。黃主任也分析，站在發送者角度，用手機傳訊息的好處是可以先整理思緒、沉澱情緒，避免衝動而造成措詞不得體，並減少摩擦；但同時也有缺點：第一，你不知道對方收到了沒、讀了沒；第二，你無法得知對方第一時間的反應（若是面對面溝通，至少可以從表情與肢體動作得知）。反之，若作為接收者，所收到的是對方整理包裝過後的訊息，也許彬彬有禮，但就是缺少了見面三分情的互動與感覺。對於時下有些人會用臉書請假、用簡訊分手、用 Email 跟老闆提出離職等，黃主任表示，也許他們會說這樣可以避免尷尬，但說穿了，就是缺乏溝通的基本誠意，是一種「不想面對的面對」。奉勸過度依賴網路生活的低頭族，有時要放下手機、離開 iPad，抬頭多關心生活周遭的人、事、物，別被智慧型手機制約而疏離了人際關係。

第四章

環境生涯規劃

第一節　個人的生活管理

本節要討論三項主要的議題：一、生活的意義；二、生活的內容；三、生活管理。

一、生活的意義

每一個人的生活都直接反映在他的生活方式上，然而，生活方式是在一定的歷史時期和社會條件下，各個民族、階級和社會群體的活動模式及其特徵的體系。它也是一個綜合概念，是人類生活的一切社會條件，與在這些條件下形成的個人動機與需要相互作用的結果。

（一）日常生活

勞動活動是人類生活的重要內容。勞動活動並不局限於生產領域，而包含了日常生活、文化生活、政治生活，以及風俗習慣的基本形式與特徵。其主要內容是人們的物質生活與精神生活的形式及構成，生活品質、生活水準、生活時間和空間的構成，生活目的和生活觀念等。生活方式可按不同時代、不同形態、不同民族、不同區域、不同社會群體區分為不同類型，例如：原始生活方式與現代生活方式、勞動方式與消費方式、少數民族生活方式、城市與農村生活方式、婦女、青年、老年生活方式等。

（二）生活方式

　　任何一個階層和個人的生活方式，多少都會受到整個社會中，占主導地位的生活方式之影響和制約。在西方社會中，一般會用「文化」這一術語來代替生活方式。美國社會學家林頓（Ralph Linton, 1893-1953）認為，一個社會的文化就是該社會成員的生活方式，也就是該社會成員後天學習到、共同擁有，以及世代傳遞的思想意識和生活習慣之總和。歷史唯物論認為，一個人的生活方式受制於其思想意識，又會反作用於一個人的思想意識。

　　總之，生活方式的變化，會直接或間接地影響著一個人的思想意識和價值觀念。因此，社會生活方式的框架或是模式的設計或選擇，是透過一個人的思想意識與心理結構的形成，而影響著一個人的行為方式和對社會的態度，這也反映了一個人的價值觀念就是世界觀的基本傾向。

二、生活的內容

　　一個人的身心健康很大程度上依賴於其生活內容，依賴於生活中各方面的持續平衡。可以說，科學的生活方式是保證一個人身心健康的重要條件，而科學的生活方式絕不僅僅是吃得飽、睡得好，它至少涉及以下九個因素：

1. 飲食：人們需要適度的營養和飲食平衡，以求得真實良好的健康狀況。任何一種單獨食物都不能滿足人們對營養物質的全面需求，因此為了避免身體缺少某種營養成分，我們的食物應該多樣化，並力求做到營養專家所提倡的平衡膳食。

2. 睡眠：充足的、高品質的睡眠會使我們在白天有充沛的精力從事任何活動。睡眠是生活的三大基礎之一，其他則是工作與休閒。

3. 衛生：講究衛生，將會提高身體的抵抗力，預防各種常見疾病和意外傷害的發生，抵禦外界各種有害因素的侵襲，確保我們的身體健康。講究衛生是有科學依據的，因此，我們應該學習必要的衛生知識，而形成良好的衛生習慣。

4. 藥物：有病就需要吃藥治療，這是毫無疑問的。但是，隨便用藥對健康絕無好處，因此不要稍有不適便急著找藥吃，應該要多請教醫生。並且要避免長期依賴藥物，它會損害你的健康。

5. 鍛鍊：人體是一台高度柔韌的機器，應保持良好的運行才能有良好的健康，而體育鍛鍊就是保持良好運行的最好方法。透過體育鍛鍊，可以增強人的體質，提高人的免疫能力，使我們有充足的體力和精力去學習和工作，因此，科學的生活方式必定包括堅持不懈的體育鍛鍊。

6. 工作：機器如果停止工作，零件會生鏽，功能將會逐漸消失。人體也是一樣，特別是我們的大腦，如不常使用便會退化。所以，我們要熱愛學習和工作，常常使用我們的大腦，這樣才會使大腦更加健康。

7. 休閒：能工作還要會玩，工作之餘要有快樂的休閒活動，這樣可以使我們的身體和精神得到積極的休息，還會培養健康、活潑的心靈。

8. 精神：良好的精神狀態，樂觀向上、積極的情緒將使我們的生活充滿陽光。反之，即使沒有任何身體疾病，若缺少良好的精神狀態，也不可能真正健康和愉快的。

9. 社交：人是社會的動物，不可能與其他社會成員毫無交往地生活，因此，要能夠與周圍的人們友好相處，提供自己的能力互相幫助。

三、生活管理

年輕人精力旺盛，如果生活沒有規律，學習負擔過重，活動過量，腦細胞長期處於興奮狀態，勢必導致受損，結果會變成整天昏昏沉沉，嚴重影響學習效率。因此，有規律的生活才能使大腦和神經系統的興奮和抑制獲得交替，而隨著時間的累積，在大腦皮層上形成動力定型。為養成良好的生活習慣，以下是幾個建議。

（一）合理安排作息時間

大腦是人體內最精密微妙的組織，也是很容易出現疲勞的器官，因此連

續進行緊張活動的時間不宜太長。一般來說，學齡前兒童不應超過十五分鐘，小學生三十至四十分鐘，年輕人應少於一個小時，成人在一個半小時左右，就要有一小段休息時間。有些學生下課後仍坐著看書或做作業，這是一種很不好的習慣，因為上課時，大腦會一直處於興奮狀態，時間久了，注意力就會分散，思考會變得遲鈍，眼睛也會疲勞。在下課時間，最好走出教室散散步、看看天空，或欣賞花草樹木、活動一下身體，但不宜參加太劇烈的活動，否則下節課反而會感到更疲勞。

另外，應養成早睡早起的習慣。有的學生念書念到深夜，已經頭暈目眩，卻還繼續硬撐著讀書，這種作法非常容易引起失眠，甚至神經衰弱。睡眠不是浪費時間，人在睡眠時，大腦皮層由興奮狀態轉入全面的抑制狀態，各部分的功能活動減少到最低限度，神經細胞能得到充分的休息，並能重新累積營養物質，為大腦進一步工作做好準備，因此，經常熬夜是不對的。研究顯示，年輕人的睡眠時間一般每天不得少於八小時（國中生九小時）。如果允許的話，午飯後可以小睡一會，但不要超過二十分鐘；若真的沒時間的話，也可以稍微閉目養神，使全身放鬆一下。

（二）適當的體育鍛鍊和娛樂活動

一位有成就的人基本上包括兩項基礎：(1)思想成熟與心理健康；(2)體力充沛與身體健康，也就是身心要平衡發展，例如：學習之餘參加一些文康活動，不但可以緩解緊張的生活，還可以放鬆心情、增加生活樂趣，反而有助於提高學習效率。

做體操、跑步、打球、走路等都有助於增強體質，提高對疾病的抵抗力，這是一種積極的休息。中小學生每天至少要參加一個小時的體育鍛鍊，但值得注意的是，不能過於沉迷而忽視了課堂基礎知識的學習。連續不斷地學習，如果配合適當的身體運動，可以得到更佳的學習效果。

（三）保持良好的學習環境

　　光線不宜過暗也不宜過強，最好來自前方，這樣在閱讀或寫字時就不致於被陰影遮蔽。天花板或牆壁宜採用淺灰色或淡綠色，以保持環境的優雅。刺耳的噪音只會使人心煩意亂，可以放些低音量的輕鬆音樂，以增加學習的樂趣。舒適的室溫與相對濕度也很重要，同時要讓空氣保持流通。

　　另外，我們也要改正不良的習慣。香菸、酒等刺激成癮的食品對於學習也是不好的東西；網路遊戲、網路聊天或電話聊天也要避免占用太多的時間與精神。

（四）合理的營養攝取

　　首先，要改變不吃早餐的習慣，否則大腦沒有足夠的能量補充，就很容易引起疲勞。營養學家們研究證明，早餐吃飽、吃好，對維持血糖水平是很必要的。其次，不要偏食，全面的營養少不了五穀雜糧，尤其是小米和玉米，另外還要多吃水果和蔬菜。

（五）選擇你的生活

　　許多人或許會認為，現代人的生活反映著無可抗拒的無奈，但真是如此的悲觀，無可奈何嗎？應該並不盡然如此，上天依然為我們每一個人保留了選擇權的空間。請看以下這個故事。

　　有三個人要被關進監獄三年，典獄長給他們一個人一個要求。美國人愛抽雪茄，要了三箱雪茄；法國人最浪漫，要一個美麗的女子相伴；而猶太人說，他要一部與外界溝通的電話。三年過後，第一個衝出來的是美國人，嘴裡與手裡都是雪茄，大喊著：「給我火，給我火！」原來他忘了要打火機了。接著衝出來的是法國人，只見他手裡抱著一個小孩子，美麗女子也牽著一個小孩子，肚子裡還懷著第三個。最後出來的是猶太人，他緊緊握住典獄長的手說：「這三年來我每天與外界聯繫，我的生意不但沒有停頓，反而增

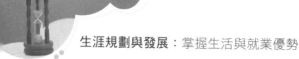

長了二倍，為了表示感謝，我送你一輛名車！」

這個故事告訴我們，什麼樣的選擇就決定什麼樣的生活。今天的生活是由三年前我們的選擇所決定的，而今天的抉擇將決定我們三年後的生活。我們要選擇接觸最新的訊息，了解最新的趨勢，進而創造自己美好的未來。

生活故事

5Q 新生活觀念

如何提升抗壓解憂的能力呢？高雄市立凱旋醫院副院長周煌智表示，建立 PQ、LQ、IQ、EQ、AQ 等 5Q 新生活觀念，才是全方位的心理健康預防概念。

高雄市衛生局社區心理衛生中心接獲不少詢問電話，請教該如何正確解除緊繃的情緒壓力。中心表示，其實許多家庭成員彼此間的互動一直存在著某種程度的情緒壓力，例如：最常見的是兄弟姐妹間為父母而爭吵，或是父母對子女懲罰缺乏公平等，家庭成員心結糾纏難解。周副院長說，不論是家庭、校園或職場壓力造成的心理問題，人們過去強調紓解壓力，其作法通常是先暫緩正在做的工作、學業等，卻也因此擔誤了工作或學業，造成不被認同、自責及沒自信等反效果。抗壓必須先做好預防，提升抗壓能力，5Q 新生活觀念才是全方位的心理健康預防概念。但嚴重的心理疾病仍須找醫生診治。

何謂 5Q 新生活觀念？這是由周副院長率先提出的心理健康新概念，他表示，PQ 是身體智商、LQ 是生活智商、IQ 是知識智商、EQ 是情緒智商、AQ 是抗壓智商。他說，PQ 是指每週三次、每次三十分鐘、持續三個月讓心跳達到一百三十下的規律運動，並搭配充足的水分及養分攝取，保持強壯體格，以應付新的壓力；LQ 是指早睡早起、戒除不良生活習慣，有適當的休閒娛樂；IQ 是指保持終身學習態度，增加個人解決難題的能力；EQ 是指做自己情緒的主人，當有憂鬱挫折時，換個角度看世界，讓心情平順；AQ 是

指勇敢面對挫折，不逃避問題，有時得停下腳步來多想想、多溝通、多協調，多聽他人的想法，保有彈性空間。

 ## 第二節　金錢與時間管理

本節要討論三項主要的議題：一、檢驗你的觀點；二、工作時間管理；三、管理你的金錢。

一、檢驗你的觀點

一位發展心理學家曾經誇下一句令人深思的話：「告訴我你運用時間和金錢的方法，我將告訴你十年後的你會變成什麼樣子。」許多個人成就的個案研究證明，這句話的確有道理，它指出生涯發展中的兩個重要條件：時間與金錢管理。我們花時間工作去賺錢，同時也應用所獲得的金錢維持生活、享受生活。

時間和金錢是二項寶貴的資源，在追求成功的人當中，很少有人會說他有太多的時間和金錢。了解自己運用時間和金錢的情形，有助於評估追求成功的進展程度，以及分析阻止自己進步的因素。以下將檢討個人邁向成功目標的進展程度，並特別強調時間所扮演的角色；一旦我們能改善對時間的運用時，就能把精力放在管理金錢方面。

（一）思考問題

請對自己提出下列二十二項問題並誠實作答，切勿故意說假話來滿足自己的虛榮心，因為這些問題的目的，在於使自己發現哪些地方應該進行改善：

1. 你訂定明確目標了嗎？制定執行計畫了嗎？你每天花多少時間在執行計畫上？主動執行或是想到了才執行？

2. 為了達成目標，你有強烈慾望嗎？多久會振奮一次這個慾望？

3. 為了達到明確目標你做了什麼付出？正在付出嗎？何時開始付出？

4. 你採取了什麼步驟來組織智囊團？多久和成員接觸一次？每個月、每週和每天會和多少成員談話？

5. 你會接受一些小挫折，作為促使自己做更大努力之挑戰的習慣嗎？你從逆境中找出等值利益的種子之速度有多快？

6. 你多半會把時間花在執行計畫上或是老想著你所碰到的阻礙？

7. 你經常為了將更多的時間用來執行計畫而犧牲娛樂嗎？或者經常為了娛樂而犧牲工作？

8. 你能把握每一分鐘的時間嗎？

9. 你把你的生活看成是你過去運用時間的方式之結果嗎？你滿意你目前的生活嗎？你希望以其他方式支配時間嗎？你把所過的每一秒鐘都看成是生活更加進步的機會嗎？

10. 你一直都保有積極心態嗎？你大部分時候都保持積極心？或有的時候積極？你現在的心態積極嗎？你能使自己的心態立刻積極起來嗎？積極之後呢？

11. 當你以行動具體表現了積極心態時，經常會展現你的個人進取心嗎？

12. 你相信你會因為幸運或意外收穫而成功嗎？什麼時候會出現這種幸運或意外收穫呢？你相信你的成功是努力付出所換得的結果嗎？你何時付出努力？

13. 你曾經受到他人進取心的激勵嗎？你經常受到他人的影響嗎？你經常確實地以他人作為榜樣嗎？

14. 你何時表現出「多付出一點點」的舉動？每天都會更付出或只有在他人注意時才會表現得多付出一點？你在表現多付出一點的舉動時，心態正確嗎？

15. 你的個性吸引人嗎？你會每天早晨照鏡子，並且改善你的微笑和臉部表情嗎？或者你只是單純的洗臉和刷牙而已？

16. 你如何應用你的信心？你何時會發揮無窮智慧的激勵力量？你經常忽視這些力量嗎？

17. 你培養自己的自律能力嗎？你的失控情緒經常會使你失去做一些讓你很快就感到遺憾的事情嗎？

18. 你能控制恐懼感嗎？你經常表現出恐懼嗎？你何時以你的企圖心取代恐懼？

19. 你經常以他人的意見作為事實嗎？每當你聽到他人的意見時，你會抱著懷疑的態度嗎？你經常以正確的思考來解決你所面對的問題嗎？

20. 你經常以表現合作的方式來爭取他人的合作嗎？你會在家裡做？在辦公室做？或在你的智囊團中做？

21. 你給自己發揮想像力的機會嗎？你何時會運用創造力來解決問題？你有什麼需要靠創造力才能解決的問題嗎？

22. 你會放鬆自己、運動並且注意你的健康嗎？你計劃明年才開始嗎？為什麼不現在開始？

　　這份檢討問題單的目的，在於促使我們對自己進行一番反省與思考。我們對於時間的運用方式，充分反映出將成功原則化為生活一部分的程度。如果我們對上述問題的回答不能讓自己滿意時，請不要氣餒。雖然有許多人都可以獲得成功，但是沒有人是一夜之間就成功的，想要獲得成功是需要花時間的。

（二）時間分配

　　我們每一個人每天都有二十四個小時可以支配，粗略的分配方式為：八個小時睡眠、八個小時工作、八個小時休息。

　　我們不應該把過多的時間花在睡眠上，因為這樣將有損健康，有時我們可能會偶爾從睡眠時間中偷一、二個小時做別的事情，但這是一種不好的習

慣，記住：千萬不要培養不良習慣。當我們花另外八個小時在工作上時，應該將全部心力集中在明確的目標上，並展現出想要多付出一點點的習慣，以下將會再介紹一些更有效支配時間以達到目標的方法。

最後八個小時雖然是休息時間，但是仍然必須小心支配，我們常會把這段時間花在處理家裡的瑣事或其他沒有收穫的事實上，以下也將說明一些處理休息時間的方法。

二、工作時間管理

（一）工作優先順序

首先，列出今天、這一週和這個月要處理的工作，在一張紙上劃出四欄（如下方表格），並在左上角貼上「重要而且緊急」的標籤，我們應在這一欄內填入必須立即處理的工作，並依次寫下每項工作的處理日期和時間。在右上角貼上「重要但不緊急」的標籤，並填入必須做，但不必立即處理的工作。如果這一欄的工作最重要時，則可以不必填寫左上角的欄位，同樣依次寫下每項工作的處理日期和時間。我們應每天審視一下這一欄的工作，以確保不會有工作變成「重要而且緊急」的項目。

左下角貼上「不重要但卻緊急」的標籤，在這一欄中所填寫的，都是一些必須立即處理的瑣事，例如：某人需要你的建議，或是有人要你馬上去買一些家用清潔品或晚餐的青菜等。當然我們也能把這些事情記在「重要而且緊急」這一欄中，但本欄的目的在於使我們了解「緊急」並不等於「重要」。最後，在右下角貼上「不重要也不緊急」的標籤，你當然可以讓這一欄一直空著，反正寫在這一欄的工作，都是可以不必在意的項目，但本欄的目的在於告訴我們，事實上有許多事情是屬於不重要也不緊急的項目。

重要而且緊急	重要但不緊急
不重要但卻緊急	不重要也不緊急

　　在我們的工作桌上通常會放著二種資料：一種是有用的，另一種是沒有用的。我們應該趕快把沒有用的資料都丟掉，並且絕對不要在桌上再看到任何沒有用的資料。而我們用來處理那些有用資料的時間，要盡可能的少。如果可能的話，應該找時間立即處理重要的資料、閱讀最新資料、寫回函、簽署授權書等，至於像雜誌類的閱讀資料，應留在特定的時間再來閱讀。如果無法一次處理完文件時，應在文件的上方角落劃一個記號，當再度處理該文件時，再劃一個記號，如此一來，就可以清楚地了解分成幾次來處理相同的文件，並可趁此機會做一番檢討與改進。

（二）休閒時間

　　工作常會占滿所有的時間（包括休閒時間），除非能下定決心要挪出一些時間來做重要的其他事情。依照下列方法分配時間，可確保能做到所有應該做的事情：

1. 每天花一點時間安靜地思考下列事項：
   (1) 為目標所制定的計畫。
   (2) 希望得到的東西。
   (3) 分析自己，確定必須控制的恐懼心情，並且訂定克服這些恐懼的計畫。
   (4) 加強和諧關係的方法。
   (5) 和無窮智慧進行溝通，並表現出對目前幸福的感激之情。
2. 每天花一個小時自修。
3. 每天花兩個小時的時間，為社區、配偶或家人提供多付出一點點的服務，並且不要求回報。
4. 每天花一小個時和智囊團成員或親密朋友接觸，其餘三個小時可用來放鬆自己、休息、運動或做其他事情。

　　當我們熟悉這些活動之後，便可以把它們和其他事情結合在一起。我們可以在坐車上班時思考或閱讀，如果必須開車上班的話，可以在車裡聽一些

自修的錄音課程，或者和智囊團成員共乘一輛車，並且利用在路上的時間，進行討論和解決問題。如果自己的休閒活動是一項值得推廣的活動時，不妨教導社區內的人，也可以從事任何其他適合自己做的活動。

　　每週以六天的時間照著上面的計畫進行，並且在第七天時什麼也不做，只是放鬆自己的身心，或從事一些宗教或是其他可使自己冷靜的活動，也可利用這一天多陪陪家人，這樣一來，我們會為自己所做的事情感到高興。

三、管理你的金錢

　　管理你的金錢有一個重點：預算金錢的重要性。就像時間一樣，金錢也必須有目標才可以支出，我們必須對所有開銷都列出預算，並且運用「自律」來確實遵守這個預算。

（一）儲蓄

　　在制定任何預算時，我們應先從所得當中取出一定的百分比作為儲蓄之用，並應遵守先還清債務的原則，不斷成長的儲蓄，是驅除對貧窮恐懼的不二法則。如果在我們遭逢逆境或生病時，足夠的儲蓄可使我們不必擔心缺錢，也會因為沒有這層擔心而復原得更快。而我們也不妨為慈善機構捐一部分的錢，這是自己多付出一點點的一個重要部分。如果我們未曾幫助過他人，又怎麼有權利要求他人來救助你呢？這個道理很像是平常不在銀行儲蓄存款，等需要用錢時，銀行帳戶的錢怎麼會夠提領使用？

　　當積欠債務時，就應該很及時地還清債務。當支出達到一百元時，千萬要告訴自己，每週只需要一百元的開銷，因為一旦花第一百零一元時，就表示自己的花費已經超出預算，而且這種情形有可能會一直持續下去。另外，切勿為了還債，而削減儲蓄金額，儲蓄是一種好習慣，切勿放棄任何良好的習慣。一旦還清債務時，就可將所得在儲蓄、日常開銷和娛樂費用之間進行分配。當收入增加時，應養成增加儲蓄的習慣，不過可以留一點錢給自己，去做一些自己想做的事情。

（二）自律

我們常常會發現，客觀環境常常使預算不夠用，在制定預算和遵守預算的同時，已強化了自己的自律習慣，同時也學會運用錢為所追求的目標服務。當我們以前已經有過這種經驗，今後也能再次做到。

習慣在執行時間和金錢預算的過程中，扮演著重要的角色。在成功學中，習慣同樣也具有相當大的重要性。

生活故事

金錢的兩面

在猶太人之間，流傳著這樣的一個故事：一個擁有無數錢財的吝嗇鬼去他的拉比（導師）那兒乞求祝福。拉比讓他站在窗前看看外面的街道，問他看到了什麼，他說：「人們。」拉比又把一面鏡子放在他面前，問他看到了什麼，他說：「我自己。」拉比解釋說，窗戶和鏡子都是玻璃做的，但鏡子上鍍了一層銀子。單純的玻璃讓我們能看到他人，而鍍上銀子的玻璃就只能讓我們看到自己。

一談到金錢，人們都知道猶太人很會賺錢。聽聽他們對金錢的看法，對於今天的我們來說不無裨益。單純的玻璃只能看到他人，鍍上銀子的玻璃只能看到自己；金錢的危險性一覽無遺。金錢的魅力可以轉移人的眼光，難怪有人說：有些人是金錢的奴隸。

第三節　在適當壓力下生活

本節要討論兩項主要的議題：一、如何面對壓力；二、在壓力中生活。

一、如何面對壓力

由於個人的文化教育及生活背景不同，每個人對壓力都有不同的適應方式，但是壓力有一個共同點：壓力是由許多生活問題所造成的心理困惑。

（一）壓力心理

西方有這樣一句諺語：「The trouble is not a trouble, but how to resolve the trouble is a trouble.」。其意思大致為：「麻煩事還不是麻煩事，怎麼去解決麻煩事，倒真是一件麻煩事。」在一般的心理學觀點中，我們對任何一種心理活動或心理過程的分析，都可以從「認知」、「態度」和「行為」等三個維度或三種層次著手。認知、態度和行為這三種因素，本身是密切相關的，行為主義心理學傾向較為注重行為方面，精神分析心理學傾向較為注重態度方面，而認知心理學則傾向較為注重認知和評價因素。所以，心理學都為我們理解應付的作用和內涵，提供了某種程度的幫助。我們可以用生活中實際發生的事件為例，來對應付的作用和內涵，做一些綜合性的分析與討論。

在面對一種心理壓力情境的時候，我們首先要對它有所認識或有所意識，而這種意識與認識的差異，就足以構成壓力情境對自己所產生不同的影響，例如：對於一個學期的期末考試，有的人認為是一種很大的壓力，他可能會把這次考試與未來就業聯繫起來，或是與自己的面子和給老師的印象，以及與同學之間的較勁等因素聯繫起來。這樣一來，在面臨期末考試的時候，他就會進入一種充滿壓力的「緊張」和「抗衡」狀態。

其次，當事人對於所面臨的壓力事件和壓力情境的態度，是把壓力看作

是一種挑戰，還是感到大難臨頭，或把壓力看作是一種負擔。再者，在這種認知和態度的基礎上，當事人要對壓力事件或壓力情境做出具體的行動，或者是積極地去解決所面臨的問題和困難，或者是消極地去逃避所面臨的問題和困難。這正如有人愈遇到考試就愈善於發揮，但有人卻正好相反，愈是在考場上也就愈容易緊張，愈是有想不出答題的思路；更有人甚至會產生諸如「生病」、「吃不下」等明顯的逃避行為。

（二）對付壓力

壓力心理應付的方式主要有兩種，說明如下。

1. 情緒定向應付

情緒定向應付，是我們面對強大的壓力或挫折時，自覺或不自覺都在使用的應付方式，具有積極或消極的作用。增加對它的了解和認識，將有助於使其發揮有效而積極的作用。一般來說，情緒定向應付亦可分為「外在表現性情緒定向應付」和「內在表現性情緒定向應付」等兩種形式，例如：當遇到一定的「心理壓力情境」時，人們可能會採取「藉故發飆」或「藉酒消愁」等明顯的表現形式，以發洩或減輕心中的壓力和愁悶，這便是屬於「外在表現性情緒定向應付」。

不管喝酒是否可以消愁，人們遇到壓力或挫折，遇到憂愁和傷心的事情時，仍經常這樣做。此外，人們可能會「否認事實」，例如：以「這怎麼可能呢」、「這件事是不可能發生的」等方式來做最初的反應，或者是從「這件事對我來說並不重要」、「實際上不必擔心這些事情」等「自我安慰」的方式，來降低和減輕所面臨的心理壓力事件或情境對自己的影響。情緒定向應付通常是人們在遇到強大的「心理壓力」時所使用的，尤其是當人們認為自己對所面臨的壓力已經是無能為力的時候。

2. 問題定向應付

去應付與處理壓力或挫折之情境，是應付與處理引起挫折與壓力的事件

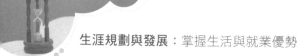

本身的一種方式。一般而言，在面對引起心理壓力的挫折情境或事件時，我們可以選擇躲避，亦可尋找辦法去處理它，側重對後者的嘗試便是「問題定向應付」。如果我們有意要解決問題，而去直接應付引起心理壓力的挫折情境或事件本身，那麼我們首先應該對所涉及的問題進行分析，這是第一步。然後，我們會想出或考慮幾種解決問題的辦法，這是第二步。接下來，我們自然而然地要對這些辦法進行權衡和比較，看哪一個較為合適、較為安全，哪一個對自己較為有利，這是第三步。最後一步便將自己選定的方法付諸實行，真正「動手」去解決問題。

　　問題定向應付既可以用來解決外在問題，以改變環境事件，也可以用來解決內在問題，以改變自身，例如：當老師的人若不善於表達，並為此而遭受到壓力和挫折的困擾，那麼要解決這一種壓力問題，可能會有以下的基本考慮：辭職另找工作，改變自己的外在環境，或者就是要透過解決自身的一些問題，來減少或消除由挫折所帶來的心理壓力。我們大家都知道，口才是可以鍛鍊的，表達能力也是可以提高的；若是這兩者都能夠解決，那麼這位老師的壓力問題也就會隨之解決。學會解決內在問題，可提高自身涵養來增加應付壓力和挫折的能力。一般來說，克服自身的缺點、學習一些新的技能、提高自己的自信和自尊，以及改變自己的慾求水準等，都屬於「解決內在問題」的方面。

二、在壓力中生活

　　在現實生活中，幾乎所有人都對壓力有所了解。因為每個人在某些時刻都會經歷各種各樣的壓力，很少人能一直將壓力置於自己的控制範圍之內，這個問題非常普遍。

（一）壓力對人的生理影響

　　科學研究結果證明了壓力對人體的健康有害，證據來自於兩種類型的研究：第一種是對人類和動物在生理上的壓力反應調查；第二種是與身體疾病

有關聯的生理因素之研究。壓力最重要的影響就是會增加心臟病發病的機率。另外，在發作過一次心臟病的病人中，生理上的作用減少了壓力的影響，也減少了心臟病復發的機率。

壓力還能夠引起腸道問題，常見的有痢疾、腹痛和頭痛；壓力也會使哮喘病發作更加頻繁，還會使哮喘病患者的症狀更加嚴重。調查紀錄顯示，許多患有慢性疾病的患者，例如：皮膚皮疹、關節炎或者癲癇病的患者，在感到壓力的時候，其身體狀況會更加嚴重。生理上的研究顯示，壓力能夠影響荷爾蒙分泌以及免疫系統（指幫助抵禦疾病的系統），但是這些影響效果是否導致疾病還是未知。

（二）來自上面和下面的壓力

壓力對人們而言較矛盾的地方就在於：它既可以為我們服務也會與我們作對，就像汽車的輪胎一樣，當輪胎中的壓力適度，就能在路上舒適地駕車行駛；如果輪胎內壓力太低，就會感覺引擎似乎不夠力，覺得方向盤也變得不靈活；如果輪胎內壓力太高，遇到坑洞時就會巨量彈跳，也很容易發生搖擺而失去控制。

壓力的影響作用指出壓力表現不同層面的作用結果，例如：對理解指示的能力，或者對注意力的集中能力等。壓力在上層點時，不斷增加的壓力可以改進行動表現，但是在高層面上的過度壓力，則會妨礙人們的表現。一般而言，隨著壓力的增加，倘若超過了平衡點的承受能力，其行為表現就變得更差。許多人都會面對的困難是：當他們注意到自己的緊張狀況時，通常會想更加努力地工作，但這樣做的結果會給自己帶來更多壓力，此刻增加的壓力將導致更糟糕的表現，然後，問題便會接踵而來；此時，人們就會更加難以預料結果，繼而會不假思索地採用在大腦中出現的第一個解決方法：尋求安眠藥或者乾脆選擇逃避。

（三）來自外部和內部的壓力

　　壓力既有來自外部的，也有來自內部的。外部壓力反映出目前正在承受的壓力或負擔：我們的工作、我們的孩子或者父母向自己提出的要求，或是用房子抵押所借的貸款和複雜的人際關係。產生壓力的內部資源展現出對這些事的反應，如果看上去有很多要求，而資源似乎又很少，就會感到很壓抑，「要完成的事情太多了」、「我沒有辦法應對」。壓力的內部資源包括希望、感覺及態度，希望把工作做好，希望被他人喜歡，或者希望讓別人幸福快樂等，這些想法都給我們增加了壓力。

　　擔憂、氣憤或者嫉妒的感覺會逐漸耗盡精力。如果我們覺得自己應該既快又好地把事情做完，既要求品質，又要求速度，那麼就會比那些態度更「懶散」的人更有緊迫的壓力感。如果我們很重視受鼓勵、感興趣或者有幫助的感覺，那麼就會覺得無所事事很有壓力感。所有的這些觀念中，沒有什麼好與不好之分。

生活故事

上班族的壓力來源

　　2012 年 3 月 13 日新北市政府勞工局發布了一項網路問卷調查數據發現，上班族的工作壓力有二成二是來自上司或主管，名列壓力排行第一名；但也有約二成上班族會選擇換工作來逃避壓力。勞工局指出，就業服務中心「GoodJob 人力網」從 2012 年 2 月 1 日至 3 月 3 日進行「2012 上班壓力指數大調查」的網路問卷調查，共蒐集有效問卷數四百五十一份。

　　根據調查結果統計分析，在上班族工作壓力來源的意見蒐集中，有22.58%的上班族表示，壓力來自於上司或主管，其次有17.5%的人認為，「專業知能不足」而造成工作壓力，另外有 15%的人選擇「工時太長」。

　　至於壓力對工作所造成的影響，根據調查結果顯示，各有約 27.5%的上

班族認為，壓力會造成「工作品質下降」、「精神不集中」，其他依序為「人際關係緊張」（17.5%）及「生病」（12.5%）等。

　　至於上班族的舒壓方式，有近四成的人會向家人或好友傾訴來舒壓，其次為「唱歌」（12.5%）、「郊外踏青」（10%）」、「品嚐美食」（10%）等。

　　調查統計顯示，上班族在解決工作壓力的辦法，有近五成的人表示會積極面對並解決問題，有三成的上班族表示會努力撐下去，但也有近二成的人選擇離職或開始找其他工作，藉由換工作來逃避壓力。

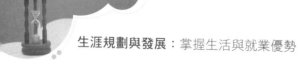

第五章

發展生涯規劃

第一節　認真思考

本節要討論三項主要的議題：一、思考的意義；二、掌握思考能力；三、加強思考能力。

一、思考的意義

積極正確地思考，牽涉到個人的心理健康發展。假如我們能夠從心理學的角度審視日常生活的各個層面，就能夠充分了解和體會人的心理在日常生活中所具備的重要作用，也就可以更好地面對和克服各種困難，可以更加公平地對待自己，可以對事物保持一種積極向上的態度，可以樹立自信，了解到心理的重要性以後，就能夠克服人際關係中存在的各種困難，更好地擺脫焦慮和抑鬱情緒對自己的困擾。在遭遇人生重大打擊之後，良好的心理素質可以幫助自己較快地從悲痛中走出來。適當地學習一些調整心理的方法，能夠有效地幫助自己克服睡眠和飲食方面存在的問題。除此以外，了解大腦思維運轉的方式可以提高學習能力、記憶能力和決策能力。

（一）掌握資訊

我們可以把所有的資訊分成兩大類：一類是介紹各種生涯規劃知識的理論性資訊；另一類是介紹技巧性的實踐資訊。事實上，這一種劃分標準是不

正確的,因為有許多方法和技巧都是通用的,例如:保持良好人際關係的三大策略,不僅對職場上的管理人員有一定的實質意義,身為家長的父母們也可以從中得到許多啟發。掌控和有效利用若干時間管理策略,不僅適用於家庭生活,對每個人的工作同樣適用。在這本書中也不乏組織管理性技巧和心理調節方法的介紹,主要是希望大家做出改變,也就是對生活的各層面進行全方位地調整和修改,藉此來提升自己。

（二）進行思考

讓大腦條理清晰地進行思考,要避免各種邏輯錯誤,而使大腦思維要保持清晰、符合常理地進行思考是一件知易行難的事情。即使那些自認為邏輯思維能力較強、可以較為理性地規劃自己生活的人,也有疏忽大意的時候,有時候他們也會在條件、證據不充分的情況下,較為主觀地對事物做出分析和判斷。

我們經常會在不經意間犯下思維方式上的錯誤,常常在事實、證據不足的情況下妄下結論;其實,我們所犯的這種錯誤,經過心理學家們的分析和研究,已經被確定是一種極其常見的思維錯誤。我們可以充分明瞭思維和情感之間的相互關係,並且透過改變大腦思維來擺脫消極的情感及舒緩不好的情緒。我們也需要避免出現常見性的思維錯誤,而透過更好地進行思維方法來克服困難、擺脫困境。

二、掌握思考能力

思維是人腦對客觀事物概括的和間接的反映,是認識的高級型式,能揭露事物的本質特徵和內部聯繫,主要表現在人們解決問題的活動中。思維敏捷性是思維的重要品質,敏捷的思維能力是順利、有效率且有創造性地學習知識和解決問題的重要保障。

擁有強力思考能力及思維敏捷的人,定較能夠掌握其人生規劃,他們都具有以下三個特點:

　　第一、思考能隨機應變、舉一反三、觸類旁通，能做出超越平常的構思。這種能力主要表現在關聯性的聯想。

　　第二、思考能標新立異、不模仿，能超越舊的潮流、不守舊。敏捷的思維能力並非先天注定的，而是在後天學習和工作中漸漸培養起來的。

　　第三、思考過程迅速、連貫、暢通、範圍廣闊，能擴大視野，在短時間內能構思出較多的假設，去蕪存菁，例如：作文思路廣泛、詞語生動流暢，或是解題時能做多種陳述與選擇，思路清晰。

　　我們要如何培養自己思維的敏捷性呢？不妨從以下幾個方面做起。

（一）深厚的知識基礎

　　敏捷的思維要建立在深厚的文化知識基礎上。若忽視基礎知識的學習，單獨地強調思維的培養是不妥的。思維是在對已有知識之間進行聯繫，或對已有知識進行重組，而獲得新知識或解決問題的心理處理過程。優良的思維品質正是在學習過程中形成的，沒有大量豐富的科學文化知識，是不可能進行敏捷地思維活動的。

　　愛因斯坦（Albert Einstein）有非常敏捷的思維，這與他豐富淵博的知識是分不開的。他在研究廣義相對論時，由於需要對具體現象進行定量的描述，但他遇到了數學知識不足的困難，為此，他進行了為期七年的加強學習。可見，敏捷的思維及靈感的產生，不是靠隨意地胡思亂想，而是以深厚的文化知識累積為基礎。

（二）科學的思維方法

　　有的人不了解科學的思維方法，雖然擁有同樣的知識基礎，思維卻混亂、呆板，思路狹窄，速度較慢，缺乏敏捷性。而掌握了科學思維方法的人則相反，他們思路清晰、靈活、新穎，思維速度較快。

　　某智能開發研究學者經過多年潛心研究，提出了一種「三思再反思思維模型」，對廣大學習者頗有啟發作用。舉一個實例如下：

有二十四枚硬幣，其中一枚比其他二十三枚稍重，另外還有一架無法碼的天秤，請用最少的步驟找出較重的一枚硬幣。多數人在做這一個題目時都會採用分半法，共用了四個步驟，如下：

第一步：十二枚—十二枚，稱出較重組再分成兩組。

第二步：六枚—六枚，稱出較重組，再分成兩組。

第三步：三枚—三枚，稱出較重組，再分成兩組。

第四步：一枚—一枚，任選兩枚放到天秤上秤，若兩枚等重則另一枚為較重的一枚，或者是直接稱出較重的一枚。

如果用「三思再反思思維模型」進行思維，從解題的第一步驟即進行「反思」：既然最後一步要分成三組，為什麼不在一開始就分成三組呢？受此啟發，我們會發現更簡單的方法，且只用了三個步驟。所以學習科學的思維方法，是培養思維敏捷的一個重要條件。

（三）累積感性材料

要學會觀察，累積豐富的感性材料。觀察是人類獲得知識的一種特殊形式，同時也是發展思維能力的基礎。一個善於觀察的人，能從周圍的事物中獲得豐富的、有實質意義的感性材料，並在此基礎上形成正確的學習範圍，逐步經由思維而轉變為自己的知識。相反的，不善於觀察的人，對周圍的事物常抱著淡漠的態度，長期下來，就會變成知識淺薄，而非思維敏捷的人。

（四）想像活躍思維

我們要鍛鍊想像力，以活躍思維。想像力可以活躍思維，促進思維敏捷性的發展。想像力是人們按照一定目的、任務，在頭腦中獨特地創造出某一事物的形象之過程。想像力是青少年認識世界的重要手段，也是科技發明和文學創作的重要手段。只有加強想像的能力，才能開闊思路，找到獨特的、富有創造性的解決問題方法。只有展開豐富的想像力，才能思維靈活，激發靈感，進而使思維敏捷性得以改善。

三、加強思考能力

我們要加強思考能力，其先決條件是能夠善用電腦。當今電腦對人腦智能的模擬已達到相當高超的水準，在諸如速度、準確度等方面，電腦已遠遠超越人類。但總括來說，它比較成功的領域主要是綜合多種已有資訊，而推導出一種結論的思維過程。

（一）擴散性思維

機器的特點是模仿，但對於創新來說仍是笨拙的，或者說基本上是無能為力的，因為創新的能力是屬於幻想家的；電腦再聰明，也是由人類製造的，所以它不可能完全取代人的大腦來發明和創造東西。

擴散性思維是從給予的訊息中，衍生眾多的訊息，或者說是人們沿著不同的方向思考，重新組織眼前的訊息和記憶系統中儲存的訊息，而產生出大量、獨特的新思想。它是從一個起點出發，思維流向所有可能的各個方向溢散。人類許多異想天開的發明就誕生在這個擴散的過程。

擴散思維是一個發明家必不可少的素質。經由擴散，得到了許多種的方案，然後運用邏輯推理和實驗加以篩選，進而展現成果。一般人如果具有較好的擴散思維能力，便具備了廣闊清晰的視野，並能善於從不同的角度、透過不同的途徑來探索、解決面臨的難題，這將使成功的機率提高。

（二）善用擴散思維

在解決問題的過程中，有輻合思維和擴散思維兩種。輻合思維是指人們根據已知的訊息，利用熟悉的規則解決問題，也就是從所給予的訊息中，產生邏輯的結論。它是一種有方向、有範圍、有條理的思維方式，例如：甲＞丙，乙＞丙，甲＜乙，乙＜丁，於是便可得到一個結果：丙＜丁。輻合思維的受限制條件多，探索範圍窄，思考有固定方向，得到的答案單一，而擴散思維的思考過程雖然也要遵循現有的已知條件，但並無固定的邏輯順序，不

依常規，而是從廣闊的範圍去尋求答案的過程。

我們可以做一個練習：用「電」、「菜」、「車」等字，把想到的一切詞組都說出來。這種思維方式在解決問題的過程中，可以產生多種答案或假說。所以大家在平時應多運用擴散性思維。

（三）使知識系統化

我們要學好基本知識，並使知識系統化。知識是形成解決問題能力的基礎，知識對解決問題的有效性是具有決定作用的。如果牛頓（Isaac Newton）完全沒有物理的概念，他就不可能發現牛頓三大定律。當然，知識要系統化，片面、零碎的知識不會轉化為能力，因此，大家應對教材中的基本概念、定理、定律、法規、公式等，能真正理解，融會貫通。

生活故事

守時的重要

1779 年，德國哲學家康德（Immanuel Kant, 1724-1804）計劃到一個名叫瑞芬的小鎮去拜訪朋友威廉‧彼特斯。在他動身前，曾寫信給彼特斯，說 3 月 2 日上午 11 點前會到他家。於是 3 月 2 日早上便租了一輛馬車前往彼特斯家。朋友住在離小鎮十二英里遠的一個農場裡，小鎮和農場中間隔了一條河。當馬車來到河邊時，車夫說：「先生，不能再往前走了，因為橋壞了。」

康德下了馬車，看了看橋，發現中間已經斷裂。「附近還有別的橋嗎？」他焦慮地問。「有，先生。」車夫回答說，「在上游六英里遠的地方還有一座橋。」但這時已經 10 點了。「如果走那座橋，我們什麼時候可以到達農場？」「我想應該要到 12 點半。」「可是如果我們經過面前這座橋，最快能在什麼時間到。」「不用 40 分鐘。」「好！」接著，康德跑到河邊的一座農舍裡，向主人打聽道：「請問您的那間房屋要多少錢才肯出售？」「不

要問為什麼，你願意還是不願意？」「給二百法郎吧！」康德付了錢，然後說：「如果您能馬上從房屋上拆下幾根長的木條，二十分鐘內就把橋修好，我就把房屋還回給您。」

農夫把兩個兒子叫來，按時完成了任務，馬車也快速地過了橋，在10點50分趕到了農場。在門口迎接的彼特斯高興地說：「親愛的朋友，您真準時。」可能有人會覺得康德過於迂腐，為了守時代價太大。的確，每個人都有自己的價值觀念，但守時、守約對於康德來講無疑是最重要的。守時看似是小事，但它反映的是一個人的生活作風和行事方式，而很難想像一個小事都處理不好的人，會有什麼大作為。

第二節　正確決策

本節要討論兩項主要的議題：一、決策能力；二、決策策略。

一、決策能力

每個人在工作和生活中，都不可避免會遇到要做決定的時候，例如：今天穿什麼衣服和鞋子、在何處吃午餐，或是要找一個什麼樣的伴侶、考大學選擇科系等。

（一）決策的意義

人們在做決定的時候，通常會出現兩種情況：一種是根據所做的決定，就按部就班地開始施行；另一種則是做了決定後，還擔憂會有什麼不良後果。一個人如果在一件事情上猶豫不決，往往表示另有其他的事與此事有所衝突。換句話說，是選擇造成了一個人的猶豫不決，有些人害怕被他人取

笑，經常對最簡單的事也要反覆思索很久；有些人則因為考慮太多，所以對自己到底從事什麼職業遲遲未定。

缺乏決斷力的人，遇事總是耗費許多時間和精力去選擇該不該這麼做和要怎麼做。由於決策和執行決策的能力不強，患得患失，人會因此而處於焦慮狀態。如果遇到重大決策時，其焦慮水準更高，持續時間更長，對人的身心損害也就更大，而且更不易做出清晰正確的決定。同時，優柔寡斷的人因為無法決定而喜歡聽從他人的意見，依賴他人，久而久之，就會覺得自己在他人心目中的地位持續下降，甚至會覺得他人瞧不起自己，因此產生強烈的自卑感。這種不良的心理狀態，反過來又會加重他在決策時的遲疑不決。為此，優柔寡斷的人應該針對具體原因做適當的調整。

（二）充實自己

我們需要應用知識充實自我，克服所面臨的各種大小問題。有時，優柔寡斷是由於知識和訊息不足所引起的。平時如果能多留心身邊的各種人、事的動態，掌握同一類事件中的差異，在選擇時就會比較有目的性，也就會比較果斷，然後，樹立信心，勇於決斷。有些人並不是缺乏解決某些問題的能力，也有足夠的時間可做選擇，但總是瞻前顧後，猶豫不決，其原因是缺乏自信。因此，要相信自己的能力，在關鍵時刻要把握機會，正確決斷。

在關鍵時刻，要勇於割捨，甚至放棄。我們要明白，任何選擇都伴隨著得失，因此不能因為害怕失去而不敢選擇；只有敢於失去，才能真正得到自己想要的結果，這才是健康而明智的心理。

（三）從小事進行訓練

進行決策訓練時，要從小事開始，並給一個合理的時限，例如：決定喝拿鐵或黑咖啡，一分鐘；坐高鐵或自己開車出差，十分鐘；買何種款式的西裝，三十分鐘。在時限內做出決定後，就不再改變，為了不給自己改變的機會，寫下這個決定，當自己想要找退路時，以備忘錄來提醒自己。

還有一些值得注意的地方：

1. 不要一出錯就懊悔：有些事情做得不好，並非是人們無能所造成的。只要是事出有因，就不要過分自責，以免形成習慣性的責備自己，遇事時會更加猶豫不決。

2. 不要苛求完美：要求永遠不犯錯，正是什麼也做不成的原因。就好比一封信始終不寫，是因為還沒想到完美恰當的措辭，萬一永遠想不出完美的語句，不就永遠寫不成這封信了嗎？

3. 一件事想太多，就會聯想到許多其他的問題。有時明明是一件小事，也可能愈看愈嚴重。

4. 盡量少模仿他人，遇事自己先有定見，把他人的意見或行為只當做參考，要相信自己做出的決定並不比他人差，有了這種信念後，做決定時就會果斷得多。

二、決策策略

任何人都很難做出「完美的決定」。在一般情況下，無論選擇哪一種方法，都可以幫助我們克服難關。因此，我們很難在各種決定之中分辨其優劣，很難在許多的選擇中區分出最恰當的那一種。以下會介紹幾種技巧，主要是在指導我們在難以取捨的情況下，盡可能做出較為合理的決定，但千萬不要以為這樣就可以幫助自己做出最完美的決定；要知道，愈是抱著這種求好心切、追求完美的心理，我們的內心就會愈掙扎，行動上就會愈優柔寡斷、猶豫不決。

（一）權衡利弊

權衡利弊是一種解決問題的方法，其實這種方法也完全可以被運用在制定決策當中，以幫助我們在各種決定之間權衡利弊。我們可以將一張紙從中間對折，劃分成左右兩部分，並分別列舉所做決定的利和弊。我們可以在這張紙的最上面寫下將要決定的事項，例如：我是否應該擴展業務項目？我是

否應該出國深造？然後就可以進一步地在應該與不應該之間，或者在是與否之間全面性地做出權衡。我們可以從以下這兩大方面進行思考：我的決定會給自己及他人帶來什麼樣的影響呢？也要考慮長期與短期的利益；我的決定會有什麼重要的意義嗎？是立刻看得到成果，還是要很久之後？最好將這項工作確實用筆寫下，這是因為人的大腦很難一下子記住太多的新想法。如果能夠把自己的想法隨時記錄在紙上，就不會對其有所遺忘。下一步，應該按照所列舉出的內容進行利與弊的權衡。

我們要知道，有些所列項目會表現出明顯的優勢，在這種情況下就能夠輕易地做出權衡和判斷。我們不妨按照百分比例、根據重要程度，賦予每一項優勢和劣勢一定的分數，然後分別予以加總，例如：有六十七分的利與三十三分的弊，這樣一來就可以較為容易地做出決定。假如所列舉出來的項目較多，那麼不妨抽出兩項最為重要或最為明顯的利與弊進行比較，在剔除掉一些次要的因素以後，權衡的範圍就會相對集中，此時也就可以較為容易地做出決定。

（二）蒐集和篩選訊息

訊息的充分與否，對決策的制定至關重要。我們應該首先確定自己需要關注的問題重點，然後根據重點有目標地進一步蒐集更多的資料。在有了較為具體的目標之後，就應該想辦法尋求那些對自己確實有價值的訊息和資料。

之後，就需要對其進行審查和評估，進一步準確地挑選對自己有用的訊息。比起那些經驗不足的人，有經驗的決策者能夠更快地忽略那些對自己無關緊要或者含糊不清、容易引起誤解的訊息，例如：在從事商業推廣活動的時候，為了確保所做決策的準確和有效，相關的工作人員都要進行相關的訓練，他們不但要充分了解產品的功能與其優點，還要對市場的同類產品有普遍的認知。

（三）預測與評估

　　善用預先感受和提前預測的策略。面對選擇，如果猶豫不決，例如：無法做出搬家還是不搬家的決定，那麼不妨先在兩者中任意選擇其中的一種決定（例如：要搬家的決定），然後在大腦中盡可能詳細地想像做這個決定以後會出現怎樣的情景。如果所要做的決定事關重大但又不是特別緊急，此時就完全可以嘗試一下這種方法。

　　如果時間允許，還可以變換其他的選擇，多次進行體驗與想像，這種方法能夠讓自己預先感受，可以在提前體驗以後，再對之前所做的那些感性的決定進行評價和調整。在一般情況下，「親身經歷」之後，也就可以較為容易地做出判斷與決定。假如仍然猶豫不決的話，還可以配合使用前文介紹的「權衡利弊法」，根據自己的「切身體驗」，對「利弊表」進行適當的補充之後，再做進一步的比較、判斷和決定。

　　除此以外，還可以使用「提前預測法」。我們只需要把時間「調」得快一點，把自己想像成生活在將來的某個時間裡就可以了，例如：可以想像自己現在生活在六個月、五年或者十年以後，想一想看在這個時候，如果再次面對同樣的問題，自己會做出什麼樣的決定呢？我們也應該提醒自己此刻所處的時間，要知道，改換一個更為有利的時間往往可以更為容易地做出決定，原本很難解決的方案困難可以變得更加容易。此外，為了確定解決問題的最佳方案，為了做出最為恰當的選擇和決定，我們還可以逐一嘗試並體驗多種不同的選擇。

生活故事

個性與工作不合

　　適才適性是找工作的第一要件，不過根據人力資源顧問的調查，有 26% 的上班族自認現在做的工作與個性不合；也有 49% 的上班族認為，公司在職

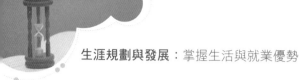

務分配上，沒有善用員工的個性優勢特質。根據「360d才庫人力資源」顧問的調查，92%的上班族表示了解自己的個性特質，81%喜歡目前的工作內容；不過，也有 26%的上班族認為，目前擔任的工作角色和本身的個性並不適合。

雖然有 78%的上班族認為，直屬主管了解其個性特質，但有近五成（49%）的人表示，公司或單位主管在工作職務分配上，並沒有善用員工的個性優勢特質，來發揮長才。另外，61%的人力資源人員表示，招募徵才時「符合條件的履歷過多或過少」，是讓他們覺得最困擾的事；78%的人資人員肯定運用科學客觀的心理測量工具，確實有助於提升招募人才的達成率。

第三節　尋找支持

本節要討論二項主要的議題：一、尋求協助；二、助人技巧。

一、尋求協助

在生涯規劃的過程中，通常會出現兩種情形：高興的事情要與他人分享，以及遭遇到難題時需要他人的安慰與支持。比較起來，前者的分享問題事小，後者的安慰與支持則具有時間性與急迫性。一般而言，一個人在成長與發展的過程中，難免會遭遇到許多難以解決的難題，需要尋求各種支持和幫助，它包括技術和心理等兩種層面。從實務性考量，心理層面的問題需要優先處理。

（一）尋找自助

當受到痛苦的折磨，內心感到淒涼無助時，多數人會需要並渴望來自於

朋友的關心，以及來自長輩的建議與指導。但我們首先應該學會自我關心：自助，因為對自己表示關懷，完全是自己可以做到的。我們經常會過於在意外界的非難，常常進行自我譴責，而外界的責難和內心的自我譴責會擾亂我們的內心和思維。我們應該問問自己：如果對方深陷痛苦，我們也會責難、批評他嗎？這種指責會幫助他擺脫目前的痛苦嗎？要如何採取行動？

而獲得各種支持和幫助的途徑和方法，例如：欣賞音樂、看書、看電影，或者整理房間、修整花草樹木、從事體力工作等，隨著年齡的逐漸增長，我們會經歷各種各樣的損失或改變，在這個過程中，我們處理問題、克服困難的經驗也會逐漸豐富，也能漸漸地學會了安慰自己。想想看，在面對困難和危機時，我們是如何放鬆自己，這些方法對於應付和解決新困難同樣有效。

（二）他人的幫助

當然，來自他人的幫助同樣也是一種支持，只是這種支持有時很難達到預料中的效果，甚至可能會發生反效果，例如：抱怨與責罵。我們可以與他們交流，向他們傾訴自己的困難與困惑，但是不要寄予過高的期待。

例如：我們雙方都經歷了相同的喪親之痛，但各自卻傾向於不同的處理方法，那麼就會因為處理方法上的差異而變得更為複雜。我們不能認為另一種處理困難的方法就不可取，因為沒有一個準則，規定只有那些被人強烈表達或明顯表現出來的痛苦，才可以稱得上是痛苦，而那些深藏於心、未經表露的痛苦就算不上是痛苦。

（三）避免無效的助力

相較之下，那些從未遭受過損失打擊，或者遭受損失程度不嚴重的朋友，對我們的幫助可能會更大一些。但是他們當中的絕大部分人都不知道如何去幫助那些遭受損失、內心痛苦的人們，他們更不知道自己究竟是否應該做一個耐心的聆聽者？可是他們又害怕自己的這種聆聽反而會勾起我們的回

憶；他們希望能看到我們發洩和釋放內心的痛苦，然而，在面對我們的哭泣、發怒時，他們經常會感到不知所措，不知道是否應該阻止；他們既想勸阻，又覺得應該讓我們宣洩內心的苦痛和壓抑，因為情緒發洩能夠更了解自己的內心。

其實傾聽者大可不必為自己的這種不知所措感到自責或內疚，所需要做的就是按照自己認為正確的方式，真心誠意地去幫助自己的朋友，如果做到了內心無愧，那麼就根本無須再責怪自己。

有時候，那些與自己關係較為疏遠的人，可能會因為與我們有相同的遭遇，而格外容易體諒我們內心的感受，特別容易了解我們心中的痛苦。此外，他們還可以向我們解說自己以前擺脫痛苦的方法，根據自己的切身感受對我們進行開導和勸慰。

如果發現外界和他人對自己的幫助不太大的話，就沒有必要再顧及他人的感受，此時我們可以對他們的幫助置之不理。這個時候還是應該按照自己的意願，去選擇和求助於確實能夠對自己有所幫助的人。有一點需要特別強調：實實在在、具體而實際的幫助，同樣也是一種支持，同樣會對自己有所幫助，例如：一桌為我們準備的飯菜、讓我們搭一次便車等；除此以外，其他一些書籍的文字所訴說的情境，同樣會對我們有所幫助。

二、助人技巧

在我們認識於何種情況下獲得最有效支持的同時，也能夠學習助人的技巧。由於篇幅的關係，以下只能提供助人的基礎：同理心的說明。

（一）同理心

「同理心」是展現與他人溝通與分享經驗的能力，也就是說，有能力去感覺他人的情緒、心境和思想。同理心是在人際交往中，用類推的方式獲得的，理解他人的情緒和行為，完全是有可能的，而運用同理心時，我們須以自己的經驗作為出發點。

有一個背景，有四種可能的答案：A 是他們想單獨在隔壁等候，直到實驗開始；B 是他們想讓另一些也感到焦慮的人陪著等候；C 是他們希望讓沒有焦慮的人陪同等候；D 是不知他們是喜歡單獨等候，還是要人陪著等候。

為了能夠感覺到這些有焦慮的人將如何行動，首先我們必須在心理上把自己置於他們的情緒之中，設想自己也處於與他們具有相同焦慮的情境：因為我們不知道會發生什麼事，且感到不安，於是希望尋找相同心境的人來交談，以減輕不安的心情。正因為我們心情不安，所以盡力不讓他人覺察出來，而這也正是另一位心神不安的人所希望的。於是，兩位心情不安的人就產生了理解認同感，彼此需要安撫、陪同。如此一來，就可以得出以下的結論：喜歡讓同樣感到焦慮的人陪同。

要與他人發生同理心作用，就必須對於對方提供的各種訊息相當敏感。這些訊息包括：臉部表情、說話方式、動作姿勢、有無臉紅或身體顫抖等，例如：當我們觀察到某人發抖或動作不平穩時，根據我們的經驗，就可以得到這樣的結論：這個人很拘束、不安。

（二）同理心與智力無關

智力高的人，喜歡靠邏輯推理來推斷某一件事，而忽視或不注意對方的情緒變化，因而也就不易產生同理心。如果與我們談話的人不同意我們的意見，就應該考慮，他為什麼與我們持相反意見，此時就要想到，這有可能是經驗不足或經歷不同的緣故；在設身處地之後，也就有了同感。

以自我為中心的人，同理心水準較低，因為他們總是以自己為主，從不顧及他人的反應，亦不把自己置身於他人的位置。相反的，他們也可能故意不去理解與之相異的思想和情緒，而代之以攻擊性的語言，例如說：「這是不可能的，真是一派胡言！」

總之，同理心的好處是：能進一步了解他人，也進一步了解自己，並進一步加深人際關係，這些好處使人覺得同理心是必要的。在交際中，同理心是建立在無條件地接受他人的基礎上。它與正直、誠實密切相關，而與自

私、偏見不相關聯。

（三）助人原則

　　以下十個項目的建議有助於培養我們助人或自助的同理心能力，有助於在生涯規劃的過程中，更能夠了解如何獲得幫助，同時也能夠協助需要支持的朋友：

1. 充分了解自己的情緒、願望和慾望，同時也要了解他人的情緒、願望和慾望。

2. 要學會積極傾聽，讓他人把話講完，不要匆忙下結論。下結論前，一定要思考周詳。

3. 留意觀察街上的行人、餐館的客人、捷運車站的旅客等，根據他們的表情特徵，來感覺他們的心理情緒狀態。

4. 在判斷他人時，切不可以只憑外觀相貌為依據。只憑他人的臉部表情、走路方式或握手姿勢，要正確判斷一個人，是很困難的，也是做不到的。

5. 當電視裡播映電影的時候，可關閉音量，試著猜測人物對話的主題。這樣就可以訓練自己洞察人的敏感性，以達到同理心，這是很有好處的。

6. 在交談中，我們可能會發現某人激烈反對，他的意見完全是針對我們而來的。這時就要冷靜，並要深入考慮：這個人為什麼會對我們持這種態度？

7. 要經常問自己，為什麼在那種情境下，會有這種反應，而沒有另一種反應。深入了解自己的行為背景，會使我們變得更容易「以他人眼光觀察世界」。

8. 如果我們不喜歡某人，切不可感情用事，要努力地從自己身上找出原因。

9. 只有全面性地了解他人的情況，才能對他人下結論，或改變對他人的態度。一旦我們知道他人的行為動機和方法，才有可能比較準確地判斷他

人，同時對他人的行為反應也會恰當些。

10. 請記住：每一個人都有一定的心境，而這種心境一定會影響他的行為。

生活故事

世界最棒工作選秀

2009 年，澳洲昆士蘭旅遊局舉辦了「全世界最棒工作」的選秀，一位入圍的台灣女孩造成轟動。2011 年他們推出「續集」，不是要找人去大堡礁工作，而是徵求有創意的企業員工到澳洲獎勵旅遊，獎金為澳幣一百萬元。

這個名為「百萬大賞備忘錄」的活動（http://www.queenslandincentives.com/zh-Hant/million-dollar-memo-overview），是從四百多家參賽企業中，選出來自十九個國家的七十隊進入第二階段。來自台灣的就有七家，包括：台灣大車隊、華碩電腦、智威湯遜廣告、寶僑家品台灣分公司、偉太廣告、欣傳媒，以及台灣 Yahoo!。

要奪得價值約新台幣三千萬元的獎勵，參賽的企業員工要創作出一部具創意的短片，說明「為什麼你的公司是最好的工作地方」，以及「為什麼你認為昆士蘭是獎勵旅遊的最佳目的地」。台灣 Yahoo! 公關經理表示，公司福委會發現了這項活動，覺得「很適合大家旅遊」；短短幾天內，五十多名員工自動參與，連董事總經理陳建銘也親自配旁白和比動作。他們在影片中強調，在台灣 Yahoo! 工作，可以投身公益、回饋台灣。吳苑如說，在參賽截止前兩天才上傳影片，幸好晉級，「現在要更積極拉票！」

共有二十隊可以進入下個階段，參賽者將在大堡礁或昆士蘭熱帶雨林進行團隊趣味競賽，其中三隊是由網友票選。

2011 年 8 月 31 日在道格拉斯港（Port Douglas），印尼的汽車零件製造商 ADR 集團（ADR Group of Companies），在全球媒體面前被宣布為百萬大賞獎勵的獲得者。該公司的國際業務發展副總裁馬斯坦（Rusman Salem Mustam）代表出席了是次終極挑戰賽。

下 篇
就業發展

第六章

探索職業生涯

 第一節　職業生涯的概念

本節要討論三項主要的議題：一、何謂職業生涯；二、職業生涯發展；三、賈伯斯的故事。

職業生涯其實很早就開始了，念書求學為的是有一「技」之長，成長過程的經歷也會影響一個人的職業生涯。然而，一個人的一生可能都待在一個固定的職業，也可能經歷若干個職位、若干個職業，甚至若干個不同的行業。不管屬於哪種情況，每一個人都會希望在職業中獲得成功，這一點是大家的共同看法。

獲得職業的成功是一個漫長的過程，在這個漫長的過程中，個人、公司組織、社會環境都在變化，個人進入公司之初的搭配程度或職業適合性，則需要隨著時間的推移與公司的成長相互適應，且需要不斷的整合。因此，從公司的角度來看，應該把員工個人的職業生涯發展計畫，納入整體管理工作的範疇。換言之，職業生涯問題是終生發展心理學，為現代人力資源管理實踐獻上的一份厚禮；進行個人職業生涯管理，是現代以人為中心管理的重要組成部分之一。

職業生涯規劃的目的，是要將職業或工作生活做正確與適當的定位，以便在個人職業生涯規劃時，有所參考與遵循。

一、何謂職業生涯

職業生涯這個概念，牽涉到人的一生。在人的一生中，個人的生物特性、心理特性、社會特性等，都要經歷無數大大小小的變化，這些變化的背景牽涉到許多因素。首先要說明什麼是職業生涯。

（一）三種看法

第一種看法是，職業生涯指個人在一個職業中擁有的持續地位。這個定義強調了職業生涯做為個人在一個職業中穩定、持續的地位，排除了各種變動的情況。

第二種看法是，職業生涯是個人在一個組織中的流動。這個定義肯定了個人在職業生涯中的變動，例如：縱向的變動（晉升）與橫向的變動（輪調、轉調）等，但是這種變動局限在同一個職業或同一個行業中。

第三種看法是，把職業生涯看成是個人對個別職業或某個專業組織的歸屬，因此，從事社會工作的人，常自稱或被稱為「社工人」，這種看法多為專業人士所秉持。然而這種看法有兩個盲點：

其一，個人並非終身都只在一個職業或組織中。

其二，個人的職業興趣也並非持續與穩定的。

上述兩種定義的盲點在於，它們都是站在公司組織的角度，而沒有站在個人的角度來看待職業生涯問題。隨著二十一世紀多元化社會的發展、個人選擇機會的增加，職業生涯更加受到個人職業興趣與職業動機的影響，因此，對職業生涯這個概念的定義，也更加趨向於個人不同程度的掌握。換言之，職業生涯是指一個人終生職業經歷的模式。職業經歷包括專業領域、職位、工作經驗和任務，這些都受到個人的價值、需要和情感的影響。個人的職業生涯總是受到人生發展階段、生理年齡的制約，或受到公司組織發展狀況、行業發展與社會文化、科技發展的影響；因此，對於個人來說，了解人生發展階段及每個階段的需要與興趣的差異，就十分重要。

（二）職業與生涯

　　隨著社會經濟文化的發展與人民生活水準的提高，人們的職業價值觀正在發生變化，開始愈來愈注意高層次需要的滿足，例如：歸屬感、尊重感、自我成就感等方面。現代企業組織也隨著社會競爭而快速地變化，這種變革也引導個人價值觀的轉變，使員工對企業組織的心理需求也發生變化。

　　員工價值觀的變化，意味著他們不再僅僅對升遷、薪資、地位和權力等事業成功的傳統標誌感興趣，而轉向對職業是否與自己的價值觀相符感興趣，也就是說，他們更希望得到心理上的成功與成就感；因此，個人心理上的成功與社會承認、家庭美滿及工作成果等個人目標的達成，反而比其他項目更為重要。與此同時，組織結構的扁平化，也意味著個人職業的成功不再以晉升為主要目標，因為在扁平化的組織結構中，垂直升遷的層級很有限，於是職業組織就得幫助員工懂得輪調、側向調動等其他發展方式，而這也是成功的重要標誌。

　　職業組織結構的扁平化，同時也增加了員工處於停滯狀態的可能性。為了克服員工個人在職業生涯發展的停滯，職業組織不得不採取一些措施，使員工能夠接受更高挑戰性與責任性的任務。為了在複雜多變、充滿挑戰的市場環境中競爭，有一些職業組織削減了對某些原有項目的投入，其結果是員工必須保證他們的技能跟得上時代的變化，要不然就會失業。技術的快速發展與員工被賦予更大責任的趨勢，使個人的工作變得更有價值，同時也更具有挑戰性。因此，個人在職位上繼續提高和發展的需要，就顯得愈來愈迫切，因而個人的職業生涯計畫，就顯得愈來愈重要。

　　此外，職業適應問題也必須加以重視。心理學家經過研究發現，有三大因素有助於從業人員的敬業精神：

1. 客觀的工作環境（包括社會環境和物質環境）：例如：主管的才能、同事間的合作、對工作成績賞罰標準的公平合理等社會環境，以及工作場所的舒適、必要的設備工具、個人生活條件的方便等。若個人滿意自己

的工作環境，則能產生對工作的安全感，提高工作效率。

2. 主觀的自我實現：工作有前瞻性，對個人能力是一種挑戰，如果個人全力以赴，可以施展才智、發揮抱負、達到自我實現，而獲得成就感。

3. 職業的未來展望：由工作中獲得的經驗、成就，隨著工作表現而提高，責任因而加重，所得的薪資報酬及社會地位也隨個人成就而增加，對工作覺得有希望、有前途，也才能兢兢業業地工作。

我們在工作場所感受到的壓力和挫折，有些是源於自身的性格弱點，有些則是由於同事的對立與威脅，有些甚至是客觀工作環境或組織功能的壓力，而常常出現身體生理狀態的失調，易產生焦慮、抑鬱和早期衰老等疾病。

二、職業生涯發展

職業生涯發展的基本目標，是把個人的工作需要轉化成動機的誘因，因而，目標的內在化，必然隨著動機的內在化而維持長久的動力。職業生涯發展的過程，就是員工個人的成長目標與公司的發展目標相互作用，達到整合的過程，這也是一個目標激勵的過程。因此，職業輔導機構或企業組織有必要幫助員工做好職業生涯的規劃，以便加強他們的職業生涯動機。

職業生涯發展動機包括三個方面的內容：職業彈性、職業洞察力與職業認同。

1. 職業彈性，是指員工解決職業生涯中各種問題的能力。

2. 職業洞察力，是指員工對自己的興趣、技能、優點和缺點，以及這些方面與他們的職業生涯目標之間的關係之認知水準。

3. 職業認同，是指員工調整自己的價值，使之與職業要求或相符的程度。

職業組織的創新與適應力，必須建立在員工職業生涯動機水準的基礎上。具有較高職業彈性的員工能夠排除工作中的障礙，適應變化萬千的事件，包括：工作流程的變化、顧客需求的變化等。他們會自主地運用已有的技術創造出新的方法去克服阻礙，使本身的能力得到提升。

職業洞察力強的員工，能夠制定長遠的職業生涯目標，並積極參與達成目標的各種職業活動，他們傾向於採取有效的方法來保證自己的技術永遠跟上潮流，甚至創新潮流。職業認同高的員工會對職業組織高度投入，他們會自覺地去完成職業組織任務和滿足顧客需求的工作；此外，個人也會為所屬的職業組織感到驕傲，並積極地為職業組織開展工作。

三、賈伯斯的故事

史蒂芬·保羅·賈伯斯（Steven Paul Jobs, 1955-2011），通稱史蒂夫·賈伯斯（Steve Jobs），美國商業鉅子及發明家，他是蘋果公司（Apple Inc.）的創辦人之一，曾任該公司董事長及執行長等職位，亦是皮克斯動畫製作公司（Pixar Animation Studios）的創辦人並曾任執行長。

幾乎和蘋果公司畫上等號的賈伯斯，生父為赴美就讀研究所的敘利亞人，因為無力撫養，將他交由加州的賈伯斯夫婦領養。賈伯斯高中畢業後，就讀於奧勒岡州的里德學院（Reed College），但因經濟因素只讀了一學期就休學；他對自己大學輟學卻一點都不後悔，還認為這是一輩子做過最好的決定。1976 年，賈伯斯與高中朋友在自家車庫創設了蘋果公司，並推出第一代蘋果電腦，隨著業務成長，年營收超過十億美元。1983 年，賈伯斯從百事可樂挖來史考利（John Scully）擔任執行長，並推出第一代麥金塔電腦；但幾年後電腦業蕭條，賈伯斯與史考利對公司的發展方向有所爭執，反而被趕出了一手創辦的蘋果公司。

離開蘋果後，賈伯斯創辦了未來軟體公司（NeXT Software, Inc.），研發新電腦，並在隔年斥資一千萬美元買下「星際大戰」電影導演盧卡斯創辦的皮克斯動畫工作室。1996 年，蘋果買下未來軟體公司，隔年賈伯斯重返蘋果公司，並擔任永遠只領一美元薪水的執行長。2001 年，賈伯斯推出 iPod 播放器，重振蘋果威名；2003 年，推出 iTunes 音樂商店，改變音樂市場生態。2004 年，賈伯斯首度傳出罹患胰臟癌，但他並未被病魔打敗，並於 2007 年推出首款智慧型手機 iPhone，改變了全世界使用行動通訊裝置的方式；2008

年再推出 iPad 平板電腦，讓個人電腦（PC）市場為之震撼，這些產品均為蘋果公司帶來龐大的獲利，更將其股價一度帶向四百美元以上的歷史新高，而他自 1997 年重返蘋果公司以來，股價大漲逾 90 倍，公司市值從 20.8 億美元飆升至 3,370 億美元，總共超過了 161 倍。

賈伯斯的成功之處在於兩項重要的因素：第一，他認識自己並肯定自己；第二，他永遠了解消費者的渴望和需求。這樣的天賦造就了他的視野，在業界幾乎沒有人擁有這種天賦。

生活故事

工作守則有三忠

剛獲得 2012 年金鐘獎的名廚阿基師在高雄分享了職場的成功哲理，他以工作守則有三忠：忠於老闆、忠於消費者、忠於自己的專業，期勉大家在每份工作中要盡可能地為自己創造附加價值。阿基師分享了他四十三年來的餐飲生涯，鼓勵跟他一樣想用美食圓夢的學生與求職者。他表示，大環境可能不景氣，但是自己心裡要爭氣，在每份工作中盡可能為自己創造附加價值。他常常是，他人不做的，就撿起來做。他勉勵求職者不要擔心沒有工作；但在做每份工作前，要知道自己為什麼想要這份工作，在每一份工作中累積經驗、打下基礎，這才是為自己未來的職場鋪路的最好方式。

阿基師也以自身經驗表示，學歷在職場中不是最重要的，尤其是在餐飲產業，態度與責任感才能成就一切。阿基師引用古語「滾石不生苔」期勉求職者，在職場中不要計較，要有進階概念，先求有、再求好。他指出，餐飲產業中的工作守則要有「三忠」：忠於老闆、忠於消費者、忠於自己的專業，加上時常觀察、反省，要有自覺，以做好餐飲工作。

104 人力銀行行銷處協理陳力子亦表示，現在的年輕人都很有創意，但往往缺乏執行力，剛踏入餐飲業的年輕學子要有耐心，一步步建立自己的專業與實力，只要願意吃苦，肯放下身段學習，餐飲工作者出頭天並不是夢。

第二節　職業生涯的模式

　　本節要討論三項主要的議題：一、生活週期模式；二、專業發展模式；三、綜合發展模式。

　　職業生涯發展是指個人進入職場後，所經歷的由不同發展任務、活動與關係為標誌的不同階段構成的連續過程。分析個人的職業生涯發展，從不同的角度出發，於是形成了下列三種發展的模式。

一、生活週期模式

　　生活週期模式的職業發展，是以個人的人生過程中不同階段所面臨的發展任務為主軸，來規劃職業生涯的發展。多數對成人發展領域進行的研究結果顯示，人生發展的主要任務基本上都與年齡有關。在我們的文化中，人們習慣將年滿三十歲、四十歲、五十歲或六十歲看作是人生歷程的里程碑。

　　成年以後第一個階段是從青年中期（二十二～二十三歲）開始到三十歲前後，在這個時期中，個人既要成家又要立業。對於大多數人來說，進入三十歲是人生第一個開始重新審視自己、重新確立生活理想的過渡時期。此時，個人在工作的現實、適應婚姻、撫育子女、家庭經濟負擔等方面的責任，代替了二十幾歲時的種種人生夢想。因此，個人需要重新審視現實，做出新的、更具前瞻性的選擇，再進入一個持續性承諾的時期。

　　四十歲左右，多數的人會面臨中年過渡危機。面對這種危機，個人需要對人生做出永久性承諾。這種危機一般來自兩個方面：

1. 個人夢想和成就之間的不一致，可能引起類似青春期自我矛盾的衝突。
2. 體會到體力下降的徵兆，領悟到人生已經過去一半，強烈地認識到個人終將衰退、老邁與死亡。因此，個人須趕緊做出新的選擇，或者接受和尋求當前工作、家庭與自我新的意義，或者改變當前的狀況。

四十至五十歲時，會面臨空巢期帶來的心理不適。子女長大成人，自立門戶，夫妻之間忽然發現只有相依為命才能克服空巢期的空虛與寂寞，因此需要建立新的親密模式。如果個人在這些問題得到圓滿解決，自我接納和生活滿足感就會增長，接著就會出現一個相對穩定和滿足的時期，人會變得圓熟、寬厚，比以前更加珍視「老」的關係。同時，也逐漸認識到各種老化的徵兆，而產生一些煩惱。

六十歲到去世這段時期，將包含著許多心理上的衝擊，最明顯的是退休所帶來的種種變化，例如：生活方式的變化、生活水準的變化等。如果個人在財務上做好了充分準備，這種過渡應可以順利進行。從這時起，保健的問題會變得十分重要，還會面臨親友或配偶過世的嚴重心理創傷。在這個階段，個人需要他人的扶持會更明顯，身為子女者應該特別重視這段時期的身體及心理狀態。

二、專業發展模式

專業發展模式的職業發展規劃是指，個人以所屬專業的任務為取向，而規劃人生不同的發展階段來配合，以透過學習與訓練來滿足所屬專業領域與機構組織的不同需求。這種職業發展模式，通常是專業性人士所特有的職業規劃，包括三個部分、四個階段。三個部分是：專業發展、個人發展、配合過程；四個階段是：專業發展需求、求才與求職作業、績效評定與培訓、持續發展與退休。以下以整體發展的四個階段為主軸來加以說明，個人的職業發展規劃則是搭配所屬的專業領域發展。

（一）專業發展需求

專業發展需求是個人職業發展的第一階段。在此階段中，某個專業領域為了其發展需要，開始計畫徵聘人才。與此同時，求職者按照個人的職業發展計畫，已經完成該專業的基本教育訓練，為了配合求才需要而預備投入該專業領域，尋求實現個人的職業發展。

（二）求才與求職作業

　　求才與求職作業是個人職業發展的第二階段。在此階段中，某專業機構為了成長和發展的需求，開始實際進行人才招聘、選拔、調配與培訓的作業。與此同時，求職者能配合該機構的專業發展需求，而適時進行求職作業。在這個階段中，求職者個人是搭配專業機構的領域發展需求而投入，因此，許多求職者會暫時接受現實，而犧牲個人對特殊職務或職位的堅持，耐心等待以後的機會。

（三）績效評定與培訓

　　績效評定與培訓是個人職業發展的第三階段。在此階段中，某專業機構為了經營與管理，必須根據組織的發展目標來檢討與評估員工的工作績效，並進行員工的在職訓練與培訓工作。與此同時，員工個人必須配合該機構的專業經營與管理，而進行個人的專業發展訓練。在這個階段中，個人的職業發展是配合所屬領域與所屬機構的發展，而轉調或輪調工作，並參與在職訓練或創新培訓。此時，有人可能轉任不同機構的不同職位，但是不會離開本來的專業領域。

（四）持續發展與退休

　　持續發展與退休是個人職業發展的第四階段。在此階段中，某些專業機構為了持續發展與永續經營，必須克服所面臨的一些難題，調整內部人力與人事規劃，包括：退休、招聘新人與淘汰不適任的員工。與此同時，員工個人亦將面臨新進人員的專業挑戰，以及因持續類似工作而產生職業倦怠與屆齡退休的壓力。在這個階段中，個人的職業發展在到達高峰之後，開始走下坡，但所屬的專業領域與機構依然持續發展。此時，專業機構必須幫助員工做好必要的調適規劃。

　　在這個模式中，個人的職業發展任務是一步一步地跟隨著專業組織的發

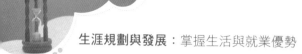

展目標，從組織的角度來看，這是一個很好的模型，但是，從個人的角度來看，主動性必然會遭到削弱。

三、綜合發展模式

綜合發展模式是前兩種發展模式的結合，它從個人發展的角度，又從專業組織發展需要的角度，來進行個人的職業生涯發展。在綜合發展模式中，職業生涯發展分為四個依次出現、相互聯繫的階段：(1)探索階段；(2)建立階段；(3)保持階段；(4)解脫階段。

在這個模式中，每一個階段都有其特定的任務、活動及關係作為標誌，例如：在某一研究發現，銷售人員在探索職業生涯的階段中，比起在其他階段更常表現出轉換工作和爭取提升的傾向；另一項研究發現，員工認同職業的程度，在早期比在晚期更傾向於受職業特徵、工作的多樣性、職責等的影響。

員工的年齡和工作年資，在綜合發展模式中，僅僅是一個參考數據，而非絕對的。在人生道路上，往往會有職業生涯發展階段的再循環，例如：一個人從已經熟悉的職業領域，轉入另一個完全不熟悉的新職業領域，即使年齡較大，也要重新從探索階段開始，以進入新的職業生涯發展。以下將對不同發展階段做進一步的分析。

（一）探索階段

在探索階段裡，個人將致力於確立自己所感興趣的職業內容與形態，他們會透過同學、同事、朋友和家庭成員等，獲得工作、職業與職位的訊息。一旦他們了解工作或職業的性質，他們就會開始尋求職業所必需的教育與訓練。職業探索一般從高中或大學階段就開始進行，一直延續到就業。在大多數情況下，新的員工若沒有他人的幫助和指導，便不能勝任工作和職務，因此在許多行業中，新進員工被稱作新人。從企業組織的角度上，定向訓練和社會化活動，對於幫助新員工順利適應新工作、新人際關係，以使他們盡快

開始對組織目標做出貢獻而言，都是十分重要的管理措施。

（二）建立階段

在這個階段裡，個人在企業組織中找到了自己的位置、獨立作業、擔負起更大職責、獲得更多的薪資收入，並建立起自己希望的生活風格。處於這個階段的員工，會津津樂道於被視為企業組織成功的參與者與貢獻者。他們會透過與同事、管理人員的交往、互動，以及來自獎勵系統的直接回饋，來了解企業組織是如何看待他們的貢獻。

對處在此階段的員工而言，企業組織有必要制定一些相關政策，以幫助他們平衡公司內外的各種角色關係。同時，為了企業組織和自己的更好發展，員工也有必要積極加入職業生涯規劃中。

（三）保持階段

在保持階段裡，個人關注的中心是保持技術領先，並希望在他人的眼中，繼續保持一個企業組織貢獻者的形象。處於這個階段的個人已經有了許多年的工作經驗、豐富的專業知識，以及對企業組織希望企業如何運轉的深刻理解。此外，處於這個階段的員工可以成為有價值的訓練者和新員工的良師益友。他們常常被企業組織邀請一同規劃發展目標或政策，而對於企業內部的工作流程、問題及企業組織面臨的重大決策，他們常常能提出正確的看法。

從企業組織的角度來看，重要的是如何使處於這個階段的員工走出高原期，擺脫停滯不前的境界。同時，企業組織有必要確認他們的技術是否已過時而做一切必要的調整。

（四）解脫階段

在解脫階段裡，個人為了平衡職業內外活動之間的關係，將會做出一定改變。解脫在一般情況下是指老年員工退休，然後把自己的精力集中到非職

業的活動上去，例如：旅遊、進修、愛好、運動或義務勞動等。然而，愈來愈多老年員工並沒有做出在退休後完全脫離職業活動的選擇，他們仍然選擇留在企業組織裡擔任顧問，只是工作時間縮短並具彈性。

在任何一個年齡階段上，員工都可以離開一個企業組織，脫離原來的職業，變換一個新的職業；此外，由於企業組織的裁員或合併，一些員工也可能被迫離開企業組織。當員工離開一個企業組織後，就會進入職業生涯的再循環，又得從探索階段開始，在這時候，他們需要新的職業資訊，來重新考慮職業興趣和自己技術的適應性。從企業組織的角度來看，脫離階段的主要職業生涯的管理活動，應該是做好退休規劃、轉職或轉業的再就業安排。

從上述分析可以看出，企業組織應該一方面在員工職業生涯發展的不同階段，採取不同的策略以支持員工的職業發展，因為員工的發展就是企業組織的發展；在另一方面，處於不同發展階段的員工，也需要了解自己的發展任務、發展目標，在企業組織的支持下不斷學習、不斷調整，以適應企業組織的發展需要，同時使自己得到充分的發展。職業生涯計畫系統可以幫助員工、管理者和企業組織明確發展的需要、目標和方法，促成企業成功。

生活故事

創意賺大錢

在台南有一名蚯蚓達人黃淦，大學畢業後，從父親手中繼承家業，從原本的排斥，到後來產生興趣，進而努力研究，如今把蚯蚓賣出去當高級觀賞魚的飼料之外，也用在醫學、農業和環保上，讓他的收入從以前的一年三十萬，到現在成了百萬年薪一族。手在土裡翻來翻去，他是有三十三年蚯蚓養殖經驗的黃淦先生，從他的眼神中，看得出對土裡面一隻隻蚯蚓的熱忱，但他坦言，其實剛入行時，只是為了對父親的一片孝心，之後慢慢培養出興趣，觀念一轉，商機跟著來，黃淦開始研究，其實看似無奇的蚯蚓，在小小身軀裡，可藏著許多功能。

從之前只當釣餌，到現在於主要市場放當成高級觀賞魚的飼料，以及醫學中藥的藥材地龍和治療中風的蚓機...，與農業用的液肥，也讓他的獲利從一年三十萬，跳到至少破百萬。另外，還有更新的發現，就是蚯蚓還能當成消耗家中廚餘的環保利器。蚯蚓達人從繼承家業起步，進而發揚光大，也讓蚯蚓養殖這個傳統產業，成功大翻身。

第三節　職業生涯計畫

本節要討論三項主要的議題：一、何謂職業生涯計畫；二、職業生涯計畫的內容；三、職業生涯計畫的作用。

一、何謂職業生涯計畫

職業生涯計畫是一套工作的程序，經由這套程序的操作，讓員工可以達到四個目的：

1. 明確職業目標。
2. 確知自己的興趣、價值觀、優點與缺點。
3. 獲得企業組織內部有關職位、職務的訊息。
4. 為達到職業目標制定行動計畫。

職業生涯計畫對員工和企業組織雙方都有好處，它可以幫助員工發展職業興趣和職業技能，可以使員工的職業滿意度達到較高的水準，因為計畫可以幫助他們逐步獲得與他們的能力和計畫一致的職位。

從企業組織的角度上看，職業生涯計畫系統可以減少在工作內容摸索的時間，使企業組織能夠按預定的程序及時支持和調整員工的工作。職業生涯計畫系統把員工與管理技巧有效地結合在一起，並使所有員工有機會確實認

知他們的職業目標，並制定計畫以達成這些目標。

二、職業生涯計畫的內容

各個企業在職業生涯計畫系統的完善程度和著重點都不同，但一般都包括進行自我評定、審視現實條件、目標設定，以及制定行動計畫等四個組成部分。

（一）進行自我評定

進行自我評定可以幫助求職的個人了解自己的職業興趣、價值觀、能力傾向，以及行為優缺點等。在這個環節中，常常需要使用心理測驗，例如：「史壯－坎貝爾興趣量表」（Strong-Campbell Interest Inventory）和「自我定向搜尋量表」（Self-Directed Search Test）。前者可以幫助個人了解自己的職業與職位興趣，後者則可以幫助個人明確自己喜歡在什麼樣的環境中工作。心理測驗還可以幫助員工確知自己對工作與閒暇活動價值的相對看法，職業諮詢人員的作用通常就是在自我評定過程中，幫助員工明瞭心理測驗的結果。

（二）審視現實條件

求職者或員工被企業組織評價他們的知識技能，以及根據企業組織的計畫，了解他們適合什麼樣職位的訊息，包括被錄用、晉升的機會、日後的調動等。這一部分是人事管理部門主動運作，而求職者及員工則是站在被動的狀態。在一般情況下，這些訊息是由求職者或員工做為人事管理者錄用或績效考核的參考。人事管理部門可以召開聘用新人、績效表彰及職業發展的討論會，藉以充實職業生涯發展計畫系統。

當然，求職者與員工也可以同時審視現實條件，以便決定求職者的取捨與工作的去留。

（三）目標設定

在職業生涯計畫中，求職者或員工能確定他們的短期和長期職業目標，而這些目標通常與人們希望得到的職位、技術水準發揮、工作條件或技術培養與獲得有關。這些目標一般都要與主管商量討論，最後再寫進發展計畫中。職業生涯發展計畫表包括下列六個項目：

1. 目前的狀況：改進或保持滿意的工作效率所需的知識和技能。
2. 未來的狀態：獲得下一個職位所需要的知識和技能（下一個目標職位）。
3. 發展活動：管理者和員工將共同努力完成的活動。
4. 發展目標：實際操作上列明發展需要已經達成的結果。
5. 收穫結果：描述在達成目標後，可能取得的收穫。
6. 簽名負責：列出制定日期，員工及管理人員都要簽名以示負責。

（四）制定行動計畫

在這個環節中，員工清楚知道如何去達成短期和長期的目標。行動計畫包括在企業組織中，訪談蒐集訊息、參加培訓、講座、申請填補職位空缺等。

三、職業生涯計畫的作用

員工、管理者與企業組織能共同分擔職業生涯發展的職責，職業生涯計畫將發揮三個作用：員工的作用、管理者的作用，以及企業組織的作用。

（一）員工的作用

職業倫理是規範員工與機構的指標，是指員工與僱主相互之間的共同期望。傳統的職業倫理一方面要求員工的忠誠與認真工作，同時，也強調企業組織應該給那些長期在職且工作績效高的人，提供更好的工作環境與晉升的

機會。然而，由於技術、組織結構和社會競爭的挑戰，企業組織、僱主與員工之間的心理契約發生了變化，企業組織無法確保為員工提供就業保障和提升機會；員工對挑戰性的、變化的、具有創造性的工作更加覺得有趣，儘管他們意識到，終生僱用於一個企業組織是太過於理想化的期望，但他們對擁有職業安全感，仍然抱有極大的期待。

新的職業倫理使員工明白，他們可以透過對職業生涯發展計畫負責的途徑，提高他們在主管心目中的價值，同時提高他們的受聘機會。擁有十分完善的職業生涯發展計畫體系之企業組織，亦期望員工對他們自己的職業生涯發展計畫負責。以英國石油鑽探企業組織為例，他們會發給每一個員工一本個人發展計畫指南，引導他們進行自我評定、目標設置、制定發展計畫和行動計畫。這個活動的參與是自願的，可作為個人發展過程的一部分，員工也必須參加主管主持的工作討論會。

不論企業組織的職業生涯發展計畫系統如何完善，員工都必須採取自定的職業生涯計畫行動，他們應該參與以下四個行動：

1. 從一開始就要求從主管和同事那裡，可以獲得關於自己技能、優缺點評價的回饋訊息。
2. 明確自己的職業發展階段及相應的發展需要。
3. 爭取更多的學習機會。
4. 與企業組織內外不同的工作團體交流。

（二）管理者的作用

管理者在職業生涯計畫的過程中，具有主導的關鍵作用。在大多數情況下，員工會需要管理者幫他們確立發展方向，因為員工的晉升可能性是由管理者評定的，而且管理者也是職位空缺、培訓課程，以及其他發展機會訊息的主要來源。但是，許多管理者並不願意捲入員工關於職業生涯計畫的活動，原因是：他們感到自己沒有能力回答員工職業發展的問題、他們與員工討論職業發展問題的時間有限，或者他們缺乏充分理解職業發展問題的人際

溝通能力。

　　欲幫助員工解決職業發展問題，管理者應發揮以下四種作用：指導、讚許、建議和提供訊息。下面列出管理者在職業生涯指導中，應該努力達成的四個作用：

1. 管理者確知員工的職業目標和興趣，同時管理者與員工在下一個發展步驟的安排上應取得一致。
2. 員工知道管理者是如何評價他的績效、發展需要和選擇。
3. 在員工的發展需要如何透過現行工作來滿足的看法上，管理者與員工應達成一致。
4. 管理者提供有效資源，幫助員工達成在職業生涯確立的目標。

（三）企業組織的作用

　　企業組織的作用主要是指，負責提供員工在職業生涯計畫所必要的資源。這些資源包括下列五個項目：

1. 職業生涯問題專題研討會，內容包括職業生涯計畫、自我評定、目標設定方法等題目的講座。
2. 職業生涯中心或訊息系統，包括員工可以查詢職位空缺或培訓科目的單位或資料庫。
3. 職業生涯計畫的工作手冊，包括指導員工練習、討論的資料或職業生涯指南。
4. 職業生涯諮詢，包括來自經專業訓練的職業心理諮詢師的幫助。
5. 職業生涯方向，包括制定職位發展序列計畫、界定職業群的各種職位發展所需要的技能。

　　企業組織也負責監控管理者和員工對職業生涯計畫系統的落實情況，以及評價這個系統是否在達成企業組織目標上真正發揮作用。以美國的 3M 公司為例，職業生涯管理涉及大量的活動，由一個遍及全企業組織的資源網絡系統協助，其主要目的是增進共同制定生產計畫和職業生涯發展計畫的管理

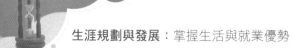

者與員工之間交流的活動，包括獎勵和職業發展等多個方面。

　　企業組織有一個職業資源中心，為員工提供有關企業組織內職業生涯計畫和發展機會的參考資料、出版物和書籍。員工可以跟訓練有素的心理諮詢師討論職業生涯問題，還可以通過心理測驗探索自己的興趣、價值觀和工作環境偏好。3M 公司的職業資源部經常開辦各式講座，主題包括自我評定、面試技巧、管理者在職業生涯計畫中的作用等；企業組織也為因遷移、裁員、健康問題及傷殘而失業的人提供幫助，設法進行安置。3M 公司有兩個致力於解決職業生涯問題的訊息庫：

1. 職位訊息系統，為員工自我推薦的職位空缺訊息的電腦系統。
2. 內部訊息查詢系統，透過這個系統，管理者可以利用人力資源訊息，去找出特定職位要求搭配的員工，因為有關員工的職業經歷、能力水準以及職業興趣等數據，都可以在這個系統中查到。

生活故事

夜班壓力大

　　一名在電子公司上班、近三十歲的女士，曾經有高血壓卻未在意。在連續上兩年的大夜班後，某天下班時因左邊手腳無力、頭昏、口齒不清而送醫，診斷為出血性中風。醫師提醒，千萬不可以自恃年輕而對高血壓不以為意，若加上熬夜就很容易腦中風。台灣腦中風學會副秘書長、亞東紀念醫院神經內科主治醫師陳龍說，上述病患到院時血壓很高，收縮壓到兩百多，診斷時發現曾經有梗塞性中風，病患自己卻不知道；會發病應該是本身高血壓沒有控制，再加上夜班壓力所造成。

　　這名病患於兩週後康復出院，陳醫師勸她不要再上大夜班，但該名患者說大夜班薪水較高。陳醫師說，曾遇過一名十七歲在便利超商上大夜班的員工，沒有家族史和相關疾病的危險因子，也是腦中風送醫；他認為腦中風與熬夜有關，因為熬夜會增加壓力，壓力就是腦中風的危險因子。新光醫院神

經內科加護病房主任連立明也表示，有名醫療人員仗著還年輕，忽略自己有糖尿病，結果長時間熬夜工作就腦中風。連醫師說，很多年輕人有糖尿病和高血壓卻渾然不知，加上熬夜、抽菸，腦中風很容易就會找上身。台北榮民總醫院神經醫學中心教授胡漢華說，要預防腦中風，不能太疲累和情緒起伏太大，每天要睡足七、八個小時，還要多運動。

第七章

認識就業市場

 ## 第一節　人力資源與產業

　　本節要討論三項主要的議題：一、人類的智慧；二、產業與人力；三、善用人力資源。

一、人類的智慧

　　一般認為，個人的職業是依附在產業的結構之下，但其實並非如此，而是由人來創造產業。從人類發展的歷史回顧，社會發展是隨著人類智慧與知識水準的提升而創新，進而造福人類。舉個例子如下：

　　2012 年 11 月 28 日新聞報導：波音 797 即將上市！最大載客人數為一千人，最長飛行距離為一萬六千公里，速度每小時為一千零四十六公里。波音 797 客機的出現將使客機形式完全改觀，它的「機體和機翼混為一體」的結構，是波音公司與美國國家航空暨太空總署（NASA）蘭利研究中心共同研製的。波音 797 的翼展 265 英尺，比波音 747 的 211 英尺還要大得多，而目前最大客機 A380 空中巴士（Air Bus）則是 262 英尺，但後者載客僅有五百五十五人。波音 797 的設計完全是針對 A380 空中巴士，除了載客人數與航程皆優於 A380 之外，可以讓 A380 起降的機場，波音 797 一樣可以起降，並不需要特別加以擴大機場跑道。目前，波音 797 已經有一百五十九份訂單，這是人類科技的新發明，將帶動航空產業邁向新的里程碑，不但讓城市之間

的航行時間縮短，同時也讓人與人之間的距離更近。

二、產業與人力

　　所謂產業，是指人類社會為人們有效地參與物質生產活動而構築的技術運作平台，是由日益精密化的技術和物質原料所發生一切可能聯繫而組織起來的，更為有效、更為理想的生產方式與物質生活空間。技術和物質原料是構成產業的最基本因素，資金和其他因素則是組織和推動兩種最基本因素運動和發展的力量。

（一）生產活動發展

　　根據人類生產活動發展的三個階段，把整個人類社會的產業發展分為三個階段：

　　第一階段，是直接以自然界為對象進行生產活動，例如：農業、畜牧業和林業等，產品能靠人類自身的體力勞動直接從自然界取得。

　　第二階段，是把第一階段獲得的原料加工成各種物品的活動，例如：製造業、建築業等，產品的形態發生了顯著變化，不再保留原來的自然物質形態。

　　第三階段，是從事產品交換和生活服務的活動，例如：商業、金融保險業、公用事業、鋼鐵工業等。

　　根據上述概念，聯合國在 1971 年頒布了「標準產業分類法」，正式將產業確定為三類：第一產業以農業為主，第二產業是製造業，第三產業為服務業。

　　近年來，資訊技術帶動了資訊產業的急劇發展，這就是所謂的第四產業：知識產業。第四產業比起第一、第二和第三產業，具有以下四個特點：

1. 屬於精神產品再生產的領域。

2. 其資產以無形資產為主，主要是智力資源。

3. 以社會效益為主。

4. 從業人員主要是腦力勞動者。

（二）知識產業興起

高科技資訊產業本身是為物質文明建設與精神文明建設服務，因此，有學者又將第四產業稱為「資訊產業」。假使我們認為高科技資訊是一種提供人類服務的「工具」，那麼「知識產業」將是其最終目標。

產業的發展對行業的影響可能產生兩個後果：其一，使一些行業和職業消失或沒落；其二，使繼續存在的行業內涵（如產品和服務的內容、核心技術）發生變化，而導致行業的經營、運作哲學和領域分工依據的變化，以及人員是否能夠勝任的變化。

從總體上講，行業進步對人員勝任素質的要求大大提高。產業進步的代價也是很大的：進步愈快，技術淘汰就愈快，因為人員技術落後造成的失業可能性就愈大。整體來看，產業的進步對人、對企業組織的綜合素質之要求都大幅度提高。

對產業結構的變化最敏感、受影響最直接的，就是社會職業結構的變化，與此同時，產業進步對人的整體素質要求愈來愈高，於是獲取、運用和創新知識的能力，成為知識經濟時代個人、企業、國家在激烈的競爭環境中成敗的關鍵。

（三）人才素質的要求

美國哈佛大學（Harvard University）國際事務研究中心的戰略專家們提出了現代人素質分析模型，認為現代人應該具備下列九項素質：

1. 願意接受新事物，思想上傾向於革新和變化。
2. 樂於發表意見。
3. 時間觀念強。
4. 對人本身的能力較有信心。
5. 計畫性較強。

6. 普遍的信任感，對周圍的人有較多的信任。

7. 信奉並願意遵循公平待人的原則。

8. 對新式教育感興趣。

9. 比較尊重他人。

此外，美國學者考夫曼（Draper L. Kauffman）在《未來的教育》（*Futurism and Future Studies*）一書中，提出培養專精與廣博結合的人才之六項內容：

1. 接近並使用訊息，包括：圖書館和參考書、電腦資料庫、商業和政府機構的有關資料等。

2. 培養清晰的思維，包括：分析語義學、數學、邏輯、電腦編程、預測方法、創造性思維等。

3. 有效的溝通，包括：公開演說、身體語言、語辭、文學、繪畫、攝影、製片、圖形繪製等。

4. 了解人與生活環境，包括：物理、化學、天文學、地質和地理學、生物和生態學、人種和遺傳學、進化論、人口學等。

5. 了解人與社會，包括：人類進化論、生物學、語言學、文化人類學、社會心理學、種族學、法律、變遷的職業形態、若干生存發展問題等。

6. 個人能力，包括：生理能力與平衡、求生訓練與自衛、安全、營養、衛生和性教育、消費與個人財務、最佳學習方式和策略、記憶術、自我動機和自我認識等。

從以上的產業發展與人力要求趨勢來看，個人的職業生涯發展必須配合市場需求，否則就會很快被淘汰。由於個人的就業與產業結構息息相關，在求職與就業中，我們也不能忽略這個重要因素。

三、善用人力資源

企業應該善用人們的優點。目標管理的宗旨是讓人員知道他應該做些什麼，使企業恰當地組織，使每個人都能夠做他應做的事。但是，只有企業精

神才可能激勵和喚起人的奉獻與努力的潛能，並且促使精益求精地工作，而不是得過且過、應付了事。

有一句話說：「企業的目的是使普通人做不尋常的事」，沒有一個企業能夠全部依賴天才，因為天才的出現總是可遇而不可求，難以期待與預測。但是，企業應該能使普通員工有高水準地做好工作，因此應挖掘企業成員中的長處，並利用此一長處促使其他所有成員做更多、更好的工作，也應該減少其成員的弱點，這是企業成功的因素之一。

良好的企業精神要求充分發揚個人的優點。無論何時，只要發現優點，就必須給予鼓勵，這樣就可以對企業其他成員產生積極的示範作用；因此，良好的企業精神要求注重人的長處：注重他所能做的，而不是他所不能做的。良好的企業精神亦要求不斷地提高整體的能力和業績，因為昨日良好的業績必須成為今日最低限度的目標，而昨日的優點必須成為今日普遍的事件。

總之，檢驗良好的企業精神之標準是人們和睦相處，它檢驗的是業績，而不是一致性，那些不是建立在令人滿意的良好工作表現，與融洽的工作關係之人際關係，實際上是不好的人際關係，並會導致產生不良的企業精神。這些關係不會促使人們成長，而會使得人們循規蹈矩、墨守成規。

曾經有一位大學校長說：「我的工作是使一流的教師從事教學，無論他能否與他的同事或與我相處得好，在實際狀況下，很少有真正好的教師能與其同事相處得好。我們這裡當然有一些惹麻煩的學生，但是，教書還是要那些人不可。當後來的教師以和睦與融洽的方針來取代他的教育方式時，全校教員的表現和精神卻會一落千丈。」

相反的，對企業的不滿，莫過於傑出人才的優點和能力反而形成對一個集體的威脅，他的業績使其他人員感到失望和消沉。沒有什麼東西能比「注重人們的弱點而不是人們的優點，依靠無能而不是依靠能力」，更能摧毀一個企業的精神。其關注的重點必須放在人的優點上。

管理部門的良好精神意味著產出的能量大於投入的努力，其含義是創造

能量。很明顯的，能量的創造是不能透過機械手段實現的，只有在道德的領域中才有可能取得大於投入的產出。因此，營造企業管理階層良好的精神所需要的只能是道德，它只能注重優點，強調誠實、正直和品行的高尚。但是，道德並不意味著說教。從任何意義上來說，道德必須是行動的準則。它絕不是勸誡、佈道或良好的願望，它必須是實踐，為了使道德產生作用，道德必須真正做到不受人們的能力和態度的制約。道德必須是實實在在的行為，是每個人可看、可做與可衡量的事情。

在人類歷史上，所有創造偉大精神的企業都是透過「實踐」才得以實現的。因此，管理人員需要具體的、實實在在的、明確的實踐。這些實踐必須強調發揮優點而不是利用缺點，它們必須激勵優秀人員，它們必須要能夠向人們宣示：精神具有道德的內涵，而精神的基礎是誠實。

有五個領域需要我們去進行實踐，以確保正確的精神貫穿於整個管理部門：

1. 必須對績效提出高度要求，不允許不好的或平庸的表現，須根據表現進行獎勵。
2. 每一項工作本身必須是一種報償性的工作，而不是向上晉升的階梯之一個台階。
3. 必須有一個合理和公平的晉升制度。
4. 企業管理必須有一個章程，明確規定誰有權對所有人員做出關鍵的決定，並且必須有某種途徑，使所有人員能向更高層級申訴。
5. 在任命人員時，企業管理階層必須表明，它意識到誠實是對一個人員的一種基本要求，這是人員所必須具備的、不能日後再培養的品質。

生活故事

小小語言通

現在各種職業都非常重視國際化的需求，所以具備豐富的語言能力及文化內涵，可以增加就業的競爭力，以下這則生活故事的主角擁有絕佳的學習環境。

住在高雄美濃的一位台美混血兒安深愛（Passion），從小就會說五種語言。因為她的爸爸是美國人、祖母是法國人、媽媽是台灣人，外婆又會說台語，加上從小生活在美濃客家庄，鄰居都說客語，模仿力超強的她，在耳濡目染之下，加上渾然天成的語言能力，讓她中、英、法、台語、客語都聽得懂，也能應答如流，才三歲的安深愛，已成為小小語言通。

筆者是「語言通」的受益者與支持者，成長環境類似安深愛，加上後天的學習機會，中、英、法、台語、客語外加日語與廣東話均佳。1985年優先被聯合國開發計畫署（UNDP）錄用參與國際教育訓練工作（至1995年）。在東海大學任教期間，曾鼓勵彰化鄉下一位原來有自卑傾向的男孩用功學習越南話母語，高職畢業後順利被錄用為台商越南廠幹部，目前擔任部門主管。

第二節　職業薪資所得

本節要討論三項主要的議題：一、各類職業薪資所得；二、薪資所得的結構；三、五十個高所得職業。

關於職業薪資所得的相關議題，許多人會好奇想要知道的問題如下：

1. 個人職業與職位薪資所得有多少？

2. 這些職業薪資的高低排序如何？

3. 該平均薪資所得占的比率如何？

4. 哪些職業與職位薪資的前景比較好？

5. 這些高所得的排序又如何？

在此將上述問題綜合為三個項目討論：各類薪資所得、各薪資所得在就業市場裡所占的比率，以及各類高所得職業的排序。

一、各類職業薪資所得

根據行政院勞委會 2011 年 7 月發布的統計資料指出，台灣各職業受雇者每月的平均月薪，雖然不包括自營業者及自由業者，但它也反映出當前就業市場的部分實況，值得參考。這個資料把職業分為以下七大類，總共列出二百五十三項：

1. 主管及監督人員

2. 專業人員

3. 技術員及助理專業人員

4. 事務支援人員

5. 技藝、機械設備操作及組裝人員

6. 基層技術工及勞力工

7. 服務及銷售工作人員

以下在每一大類內的職業類別，按照該職業的基本薪資所得高低排序，並附上該職業的其他津貼所得，提供讀者參考。

職類別	基本薪資	其他津貼
一、主管及監督人員（3項）		
1. 高階主管（總經理及總執行長）	90,092	8,675
2. 中階主管（經理）	69,899	8,897
3. 現場及辦公室監督人員（含主任、科／股長）	47,355	7,000
二、專業人員（57項）		
1. 精算師（取得正式資格者）	142,393	1,571
2. 醫師	123,818	11,623
3. 律師	80,758	19,422
4. 財務、經濟及投資分析研究人員	70,642	6,884
5. 地質、採礦、鑽探、冶金工程師	67,466	81,353
6. 稽核人員	62,786	8,317
7. 其他專業人員	60,946	3,022
8. 航空機械工程師	59,739	40,618
9. 風險控管人員	58,493	3,807
10. 電信工程師	58,167	31,464
11. 農、林、漁、牧業專業人員	56,668	456
12. 會（審）計師（含會計稽核）	56,075	15,743
13. 建築工程師（含建築師）	53,625	12,710
14. 精算及保險分析研究人員	53,217	3,139
15. 專案管理師（含經營管理顧問）	52,035	6,750
16. 電子工程師	51,916	9,634
17. 資訊系統分析及設計師	51,515	7,265
18. 專利工程師	51,149	40,652
19. 土木及水利工程師	50,512	4,912
20. 電機工程師	50,158	7,711
21. 化工工程師	49,897	8,411
22. 軟體開發及程式設計師	49,254	6,969
23. 機械工程師（含造船、輪機、鑄造）	49,044	13,651
24. 室內設計師	47,294	3,540
25. 公關專業人員	47,047	3,748

職類別	基本薪資	其他津貼
26.資料庫及網路專業人員	47,027	5,852
27.人力資源管理師	47,006	5,217
28.廣播、電視及其他媒體播報員	46,824	776
29.勞安及衛生管理人員	46,187	6,931
30.工業及生產工程師	45,812	11,199
31.醫療器材、醫學工程師	45,775	1,966
32.冷凍空調工程師	45,678	4,545
33.環境工程師	44,611	6,382
34.紡織工程師	44,073	5,586
35.景觀設計師	43,859	2,422
36.廣告及行銷專業人員（含企劃）	43,802	4,996
37.產品及服裝設計師（含工業設計）	43,183	4,967
38.品管工程師	42,019	8,829
39.獸醫師	41,623	3,123
40.藥事人員（含藥師）	41,545	1,909
41.測量師及製圖師	41,521	3,593
42.新聞記者	41,470	2,474
43.電影、舞台及有關導演與製作人	41,424	300
44.生物科學工程師	40,464	2,380
45.社工、心理專業人員（含諮商人員）	39,223	2,568
46.醫院管理師	38,867	2,912
47.聽力及語言治療師	38,699	3,871
48.物理、職能（復健）治療師	38,438	4,465
49.食品工程師	38,423	17,504
50.平面及多媒體設計師	37,736	1,461
51.護理人員	37,434	2,925
52.營養師	36,821	1,714
53.其他醫療保健專業人員	34,192	2,500
54.編輯、作家及有關撰稿人員	33,960	545
55.翻譯人員	32,056	1,504
56.表演藝術人員（含演員、配音員）	24,691	118
57.補教業教師	21,841	285

職類別	基本薪資	其他津貼
三、技術員及助理專業人員（57項）		
1.航空駕駛員	159,733	43,583
2.職業運動員	110,114	—
3.船舶監管人員（含引水人員）	91,648	10,543
4.石油及天然氣精煉設備操作員	68,962	2,909
5.電信技術員	60,596	40,509
6.農業技術及農業推廣人員	55,477	1,401
7.證券金融交易員及經紀人（含理財專員）	54,505	3,995
8.發電設備操作員	53,648	45,473
9.法務人員	50,345	8,570
10.醫療設備控制技術員	49,510	2,727
11.醫學及病理檢驗人員	49,321	2,573
12.信用及貸款人員	49,129	11,887
13.統計及精算助理專業人員	47,669	1,624
14.飛航管制員	47,359	12,139
15.義肢、義齒等人體輔具技術員	46,156	3,423
16.焚化爐、水處理及氣（液）體設備操作員	44,837	15,790
17.專業秘書	44,267	5,556
18.航空機械技術員	44,179	13,690
19.會計助理員	43,064	4,870
20.保險代理人（含保險業務員）	42,545	3,516
21.地質、採礦、鑽探、冶金技術員	41,838	37,231
22.財物及損失鑑價人員	40,946	1,857
23.其他技術員及助理專業人員	40,212	2,027
24.傳統醫學技術員	40,189	715
25.化工技術員	39,152	6,708
26.資訊管理及維護技術員	38,965	3,410
27.化學加工設備中央控制員	38,824	19,122
28.金屬生產製程中央控制員	38,641	47,939
29.營建工程技術員（含建築／土木／景觀／測量／水利）	38,295	3,006
30.船務人員	37,870	974
31.電機技術員	37,797	7,537

職類別	基本薪資	其他津貼
32.工商業銷售代表（含業務員）	37,473	5,503
33.冷凍空調技術員	35,444	4,219
34.會議及活動規劃人員	35,424	961
35.採購員	35,243	2,966
36.攝影師、攝影記者	35,041	667
37.廣播及視聽技術員（含放映員）	34,493	264
38.職業介紹人及承包人	34,326	835
39.運動、健身及休閒娛樂指導員	34,322	2,175
40.機械技術員（含造船、輪機、鑄造）	34,133	11,181
41.不動產經紀人	34,005	1,101
42.勞安及衛生技術員	33,856	5,497
43.環境工程技術員	33,420	5,383
44.電子技術員	32,978	6,660
45.報關員	32,899	1,525
46.工業及生產技術員	32,876	9,983
47.製圖員	31,697	2,924
48.品管技術員	31,556	7,431
49.紡織技術員	31,403	4,640
50.土地代書（地政士）	30,726	1,425
51.社會工作助理人員	30,570	531
52.配鏡、驗光技術員	30,488	1,694
53.其他醫療保健助理專業人員	29,307	1,303
54.病歷管理人員	28,986	1,024
55.物理、職能（復健）治療技術員	28,898	2,251
56.食品技術員	27,792	3,159
57.牙醫助理	25,347	613

四、事務支援人員（21 項）		
1.郵件處理及投遞人員	52,447	118,471
2.財務、證券及保險事務人員	43,519	7,397
3.收帳、收費人員（含帳款催收）	40,483	9,383
4.銀行、郵局櫃台事務人員	40,334	19,004

職類別	基本薪資	其他津貼
5.核保人員	39,398	1,928
6.運輸事務人員（含稽查、調度、管理）	36,732	4,963
7.電話及網路客服人員	35,836	14,101
8.人事事務人員	33,616	4,967
9.總務	32,426	3,915
10.生產及物料規劃事務人員	32,177	7,330
11.統計調查訪談人員	31,709	2,188
12.其他事務支援人員	31,580	1,956
13.旅遊諮詢人員（含旅行社事務人員）	31,162	1,754
14.會計、簿記、出納	30,549	1,946
15.一般辦公室事務人員（含文書）	30,177	3,049
16.存貨事務人員	29,006	3,594
17.資料輸入人員	27,811	1,388
18.接待員及服務台事務人員	26,984	2,121
19.總機人員	26,140	1,893
20.醫院（診所）櫃台事務人員	25,727	823
21.教務人員（含班導師、輔導員）	18,887	1,026
五、技藝、機械設備操作及組裝人員（82項）		
1.原油處理工	68,937	6,015
2.鑽井及有關工作人員	57,954	6,419
3.船舶艙面水手及有關工作人員	49,659	7,114
4.軌道車輛駕駛人員	45,451	8,128
5.潛水人員	45,394	1,245
6.絕緣材料安裝人員	44,419	6,312
7.蒸汽引擎及鍋爐操作人員	44,111	26,696
8.玻璃安裝人員	42,289	—
9.營建木作人員	41,898	1,681
10.化學產品機械操作員（不含藥品／化妝品／照相產品）	41,818	16,243
11.電力線路裝修人員	41,652	2,422
12.人造纖維製造設備操作人員	41,556	9,170

職類別	基本薪資	其他津貼
13.推土、吊車、起重機等移運設備操作人員	41,376	9,902
14.軌道制動器、號誌及轉轍器操作員	40,405	5,079
15.其他營建構造人員（含鷹架工）	38,537	1,710
16.模板人員	37,402	1,426
17.混凝土鋪設人員	37,385	4,601
18.機車送件駕駛人員	37,364	147
19.屋頂工作人員	37,328	939
20.地面、牆面鋪設及磁磚鋪貼人員	37,108	940
21.泥作工作人員	37,070	541
22.資（通）訊設備裝修人員（含電信、電話）	36,938	15,581
23.產業用機器維修人員	36,723	24,186
24.砌磚及有關工作人員	36,630	6,545
25.電力機械裝修人員	35,820	5,495
26.金屬結構預備及組合人員	35,155	3,908
27.建築物電力系統裝修人員（含水電工）	34,774	3,075
28.紙漿及造紙設備操作人員	34,564	6,516
29.大客、貨車駕駛人員	34,383	3,613
30.採礦及採石人員（含爆破人員）	34,181	7,597
31.油漆、噴漆人員（含裱糊工）	33,761	5,464
32.電子設備裝修人員（不含資通訊設備）	33,529	11,503
33.鍛造、錘造及鍛壓工作人員	33,334	10,014
34.水泥相關製品機械操作人員	33,014	17,684
35.鋼筋彎紮人員	32,920	1,172
36.板金人員	32,869	12,997
37.廣告招牌製作安裝人員	32,713	2,967
38.航空器維修人員	32,618	17,561
39.藥品及化粧品機械操作人員	32,514	7,867
40.小客、貨車駕駛人員	32,093	4,796
41.管道裝設人員（含檢修）	32,088	4,105
42.焊接及切割人員（含電焊工、氣焊工）	31,929	7,614
43.消毒及除蟲有關工作人員	31,132	1,834
44.印刷人員	31,048	5,580

職類別	基本薪資	其他津貼
45.印刷電路板製造工	30,771	11,164
46.工具製造人員（含模具工、鉗工）	30,613	8,513
47.車輛維修人員（含自行車／機車／汽車／火車）	30,289	3,275
48.金屬製造設備操作員（含熔煉／鑄造／輾軋／熱處理／抽製／擠型）	29,959	17,112
49.其他技藝、機械設備操作及組裝人員	29,909	11,571
50.電線、電纜製造工	29,905	8,645
51.空調及冷凍機械裝修人員	29,705	2,982
52.服飾打樣及剪裁人員	29,520	1,665
53.園藝及農牧業生產人員	29,107	1,047
54.玻璃製品製造人員	28,802	19,384
55.珠寶及貴金屬製作人員	28,317	—
56.金屬表面處理人員（含電鍍）	27,643	13,341
57.金屬砂模及砂心製造人員	27,565	2,610
58.樂器製造及調音人員	27,459	637
59.製鞋及有關工作人員	27,441	1,427
60.橡膠製品機械操作人員（含輪胎）	27,140	5,864
61.食品製造及處理人員（含酒／飲料／糖／菸）	27,086	2,168
62.鞣（製）革、毛皮及皮革工作人員	27,069	6,668
63.礦石及石材處理設備操作員	27,051	1,507
64.金屬工具機設定及操作人員	27,024	5,798
65.電池製造工	26,762	3,942
66.紙製品機械操作人員	26,751	4,040
67.砌石、裁石及石雕人員	26,423	685
68.精密儀器製造及修理人員	26,349	2,309
69.各種材質手工藝人員	26,313	24
70.染整機械操作人員	26,292	6,855
71.塑膠製品機械操作人員	26,101	4,401
72.紡織及針織機械操作人員	25,716	3,374
73.印刷前置工作人員	25,648	4,262
74.生產線上組裝（現場）人員	25,171	5,858
75.洗滌工、熨燙工	24,848	1,599

職類別	基本薪資	其他津貼
76.木材處理、家具木工及有關工作人員	23,466	1,638
77.非食品飲料產品分級及檢查人員	23,347	5,845
78.陶瓷製品有關工作人員（含磚瓦）	23,170	4,342
79.纖維準備、紡紗、併紗及撚線機械操作人員	23,123	3,389
80.裝訂及有關工作人員	22,029	4,811
81.縫製機械操作人員（含裁縫、刺繡）	21,425	1,327
82.照相產品機械操作人員	21,000	—
六、基層技術工及勞力工（10 項）		
1.抄表員及自動販賣機收款員	42,273	6,280
2.勞力工	24,884	4,123
3.理貨員	24,712	1,020
4.收票員、引座員	24,314	1,018
5.行李搬運工	23,269	1,585
6.遊樂場所服務員	22,818	474
7.清潔工作人員（含建築清潔工）	22,806	703
8.廢棄物收集工及回收資源分類工	22,119	368
9.停車場管理工	20,787	691
10.廚房幫工人員（含速食烹調）	19,220	1,992
七、服務及銷售工作人員（23 項）		
1.隨車、船、飛機服務人員（含空服員）	38,097	14,263
2.電話及網路行銷人員	35,460	5,108
3.消防人員	34,446	9,258
4.導遊、領隊及解說員	29,886	149
5.廚師	28,633	1,264
6.展售說明人員	28,505	2,941
7.健康照顧人員（含看護）	26,706	952
8.伴舞陪酒人員	26,372	—
9.旅館管家	26,027	38
10.建築物管理員、保全及警衛人員	25,950	3,169

職類別	基本薪資	其他津貼
11.按摩師	25,617	125
12.美髮、美容及造型設計人員	25,175	3,934
13.殯葬服務人員	24,857	2,278
14.商店銷售人員（含百貨公司樓管人員）	24,419	1,717
15.兒童照顧人員（含保母）	24,373	770
16.救生員	22,679	420
17.其他服務及銷售工作人員	21,978	446
18.收銀員及售票員	21,592	1,197
19.寵物美容師及動物照料工作人員	20,923	209
20.加油站服務員	19,026	1,331
21.飲料調配及調酒員	18,998	430
22.餐飲服務人員	16,483	940
23.餐食服務櫃台工作人員	14,818	654

註：上述金額的單位為新台幣。
資料來源：行政院勞工委員會（2011）。100 年職類別薪資調查。取自 http://statdb.cla.gov.tw/html/svy00/0050003.xls

二、薪資所得的結構

根據中天電視 2012 年 12 月 1 日的報導，分析當前台灣薪資所得結構，按照月薪所得分為五類層次，以下列出所占的百分比，提供讀者參考。

薪資類別	月薪所得（新台幣）	百分比
第一類	50000 元以上	16.71
第二類	40000～49000 元	13.71
第三類	30000～39000 元	27.82
第四類	20000～29000 元	31.69
第五類	20000 元以下	10

三、五十個高所得職業

　　根據《美國金錢排行榜》（Money Ranks）提供的資料來看，特別列出美國五十種最具有發展潛力的職業，提供讀者參考。台灣雖然與美國並不一致，但是在不久的將來，政府若能夠開放就業市場，肯定會縮短台灣與美國的距離，希望讀者以前瞻性的眼光參考與比較。內容是按照職業發展潛力的順序排名、平均年薪所得，以及四年後成長的百分比。

排名／職業	平均年薪	四年後成長比率
1.電腦工程師	70,000	112%
2.電腦系統分析師	53,000	110%
3.物理治療師	49,000	88%
4.特殊教育教師	33,644	75%
5.私家偵探	36,050	69%
6.放射科技師	29,276	63%
7.法律助理	25,668	56%
8.幼兒園教師	22,500	54%
9.節目主持人	高低差距太大	53%
10.法律與醫療秘書	30,712 ／ 18,334	51%
11.聽力及語言治療師	39,000 ／ 40,000	51%
12.保險業調查員	23,712	49%
13.呼吸病治療師	30,524	49%
14.執業心理師	32,916 ／ 76,154	48%
15.麵包師父	17,368	47%
16.建築業經理	55,999	47%
17.餐館廚師	25,000	46%
18.電腦修理者	30,212	46%
19.食物與住宿服務業主	62,000 ／ 39,000	44%
20.管理顧問	60,000	43%
21.牙齒保健師	39,312	43%
22.護理師	35,620	42%

排名／職業	平均年薪	四年後成長比率
23.銀行貸款辦事員	32,916	40%
24.護士	23,504	40%
25.社會工作師	31,500／38,250	39%
26.牙科助理	20,592	29%
27.裝潢師父	24,627／25,459	37%
28.中學老師	35,888	37%
29.運動教練	28,000／75,000	37%
30.勞資關係專家	43,700	36%
31 市場廣告公關經理	49,543	36%
32.救護醫療技師	28,000	36%
33.航空公司駕駛員	95,794	35%
34.家庭醫師／一般外科	156,000／2,000,000	35%
35.產業經理	60,000／45,000	35%
36.驗光技術員	26,274	35%
37.美髮師	29,000	35%
38.醫師助理	51,225	34%
39.商業機構清潔督導	47,000	33%
40.職業教師	29,000	33%
41.股票仲介者	90,000	33%
42.會計師	37,116	32%
43.律師	58,500	31%
44.電腦程式師	38,272	30%
45.建築物檢查員	32,708	30%
46.汽車修理技師	23,920	30%
47.宗教主任／神職人員	54,350／27,092	30%
48.冷暖氣、冰箱修理技師	25,792	29%
49.油漆工與建築物管理員	24,044	29%
50.藥劑師	49,608	29%

註：上述金額的單位為美元。

　　從以上五十種最具發展潛力的職業來看，許多當前台灣的熱門行業，例如：記者、電視工作者、演員、歌星等，除了節目主持人之外，由於個別的差異過大，都不在排名之中，這個現象值得省思。

生活故事

超時工作，高科技最嚴重

　　新北市政府勞工局於 2011 年 8 月 16 日公布電子製造業勞動檢查報告，以超時工作、未依法發給加班費最嚴重；其中四家重複違規，未來將不定期複檢，若違法則加重處罰至改善為止。針對高科技業過勞死案件頻繁，日前又有數百名勞工向行政院勞工委員會陳情，盼廢除《勞動基準法》第 84 條之1，消滅超時工作終結責任制，市府勞工局今年 3 月及 5、6 月曾展開二波勞動檢查。

　　勞工局表示，第二波檢查的二十家事業單位中，發現十四家有違規、高達有二十四件違法事項，其中四家重複違規；其中以「單日工作時數超過十二小時」，或「單月加班時數超過四十六小時」情形最嚴重，共十件；其次為「未依法發給加班費」，共九件。新北市勞工局局長高寶華表示，高科技業者常以責任制之名，要求勞工常態性超時工作，或藉此不發加班費。他說《勞動基準法》已修法提高罰責，但這次勞檢是針對上半年出勤狀況，並未適用 7 月 1 日的新制，未來違反工時、工資規定的處罰額度，將提高至新台幣二萬元以上，三十萬元以下罰鍰。

　　勞工局表示，電子製造業的產業人員或工程師，並非勞委會公告的責任制專業人員，雇主應隨時檢視內部工時調配是否合法，並依照《勞動基準法》的工作時間、休假等規範排班。

第三節　二十種影響未來的科技

本節要討論四項主要的議題：一、生物與化學工程；二、電子科技工程；三、人工智慧；四、其他高科技。

除了前面所指的五十種未來最具有發展潛力的職業之外，讀者可能會想要了解未來本世紀可能最具有影響力的科技，以便做為個人職業生涯規劃的參考。根據《科技趨勢》（*Technotrends*）一書的作者布魯斯（Daniel Burrus）指出，有二十種影響未來的核心科技，這些科技肯定會帶來許多不同的就業機會，值得就業發展規劃的參考。

一、生物與化學工程

（一）基因工程（Genetic Engineering）

基因工程立論於所有生物都是由細胞構成的，細胞中的基因具有一種可讀代碼，代表一種植物或動物的所有遺傳性質；基因工程技術能讓科學家們降低或增強動植物的任何一種特定的遺傳特性。

（二）高級生物化學（Advanced Biochemistry）

利用高級生物化學技術，可以開發各種新型的疾病診斷系統，並製造出高效能的超級藥物（super drugs），進而帶動生化產業的發展。

（三）新聚合物（New Polymers）

聚合物是複雜的化學物質，可與超強複合材料配合使用，用途非常廣泛。透過重組這些由碳（化學符號 C）、氫（化學符號 H）、氧（化學符號 O）、氮（化學符號 N）等元素所構成的分子環與分子鏈，可以製造出具有

導電性、可分解性、傳導性等多種屬性的聚合物，可以用來製作汽車的部分零件。目前，有六萬多種聚合物廣泛應用於我們的生活中，範圍從垃圾袋到美軍的坦克都是。

（四）高科技陶瓷（High-Tech Ceramics）

陶瓷材料的特性是堅硬、不易起化學反應、抗腐蝕、抗磨損、抗高溫。目前，除了碳化合物以外，幾乎絕大部分的物質都可以用來製造陶瓷材料。大部分陶瓷產品都是電絕緣體，各種電磁波的輻射都能穿透它。

（五）強化纖維複合材料（Fiber-Reinforced Composites）

這種複合材料是經過人造纖維與碳纖維強化過的材料，例如：陶瓷或塑膠。由於這種複合材料具有重量輕、抗腐蝕、高強度等優點，所以它已逐漸取代了汽車與飛機上的一些零件原料。

（六）超薄膜（Thin-Film Deposition）

超薄膜的技術是一種製造程序，就是把一層薄如單個原子厚的特定材料塗抹在任何物質的表面。有一種化學氣化覆蓋（chemical vapor deposition, CVD）的製造程序，是把一種薄膜材料加熱到氣化蒸發的程度，再把它冷凝在需覆蓋的物體表面上。還有一種製造方法稱為分子流束取向生長法（molecular beam epitaxy），它是一種半導體的製造過程，以每次增加單層分子的方式製作元件。這種方法能夠把不同的材料及不同類型的摻料（doping，指半導體中的摻雜物質），精確地嵌入夾層中。

二、電子科技工程

（一）高級電腦（Advanced Computers）

電腦是能夠處理訊息、執行程式指令的電子計算機器。高級電腦包括以

積體電路（IC）為基礎的所有相關硬體與系統，例如：掌上型電腦、工作站、超級電腦等。

（二）數位電子（Digital Electronics）

應用數字技術的設備能夠把信號轉化為電腦可以識別的 0 或 1。數字技術與模擬技術相比，其主要優勢在於它能夠產生、處理、儲存和傳輸所有形式的訊息，例如：把數據、文字、聲音、影像等訊息，從一個設備傳輸到另一個設備中，傳統的電子模擬設備、電磁與光學設備，也都能利用數字技術。

（三）高級視頻顯示（Advanced Video Displays）

高級視頻顯示有兩種主要形式：一種是先進的平面顯示技術，具備各種尺寸、輕型的平面全彩色電視螢幕；另一種則是高解析度電視，具有如同影院效果的高分辨率螢幕。

（四）雷射（Lasers）

雷射（Laser）是 light amplification by stimulated emission of radiation 的縮寫，意思是透過受激發射而實現的光波振幅放大。雷射的波長範圍很窄，發射出的光線有很狹窄的方向性，但強度極高。雷射設備的規格小到如針尖，大到如足球場。光線範圍從不可見的紫外線到紅外線，並包括所有可見光譜。

（五）光纖（Fiber Optics）

光纖提供了一個傳輸光子也就是光的粒子之數字高速公路。一根光纖是以一根頭髮絲般細的玻璃絲為核心，外面再包上能夠防止光洩漏的材料做成的保護層。玻璃絲由矽和其他具有光傳輸特性的材料所組成。光纖是傳輸訊息最快、最可靠的方法，要升級一套光纖系統，只需更換兩端的發送和接收

設備，而無需更換光纖。光纖傳輸的訊息量是傳統銅線的一百倍，而且更容易升級。光纖也不會受到溫度、溼度及電子雜訊的影響和干擾。

（六）微波（Microwaves）

微波是電磁波，其波長位於紅外線與短波無線電之間。目前微波主要有兩種用途：傳送無線數位資訊和物體的加熱。微波加熱的原理是引發物體內部的分子運動而產生熱。

（七）微型機械（Micro mechanics）

微型機械即是極其微小的機械裝置，例如：控制閥、加速儀、壓力儀、傳感器，以及外科手術工具等。微型機械元件可以成批地蝕刻在大塊矽片上，然後再分割成小塊的元件。除了矽材料外，微型機械還可以由金屬製作，例如：鎳。

（八）超導體（Superconductors）

超導體是一種能夠傳導電流而幾乎不損失任何能量的導電材料。要讓某種物質處於超導狀態，必須使之處於低溫。超導材料的超導溫度愈接近常溫，其經濟價值就愈高。

三、人工智慧

（一）人工智能（Artificial Intelligence）

人工智能是指電腦能夠具有一般認為只屬於人類智慧的功能，例如：學習、適應、識別、分類、推理、自我糾正錯誤、改進等。

（二）分散式計算（Distributed Computing）

分散式計算的技術應用於企業內部和多個企業之間的電腦網路集成，以

實現多用戶資訊共享。電腦網路的應用，為日常商業活動提供服務。

（三）分子設計（Molecular Designing）

利用此一技術，可滿足顧客的各種需求。設計者可利用超級電腦決定顧客所需物質的特性，並以高性能電腦設計出顧客所需新物質的具體形狀，再透過雷射把某種材料的原子很精確地附著在新物質的表面上，而分子設計也可據此改變新物質的性質，例如：使金屬變成玻璃，或把絕緣體變成導體。

（四）光學數據存儲（Optical Data Storage）

光學數據存儲的技術是利用雷射束來讀取以數位形式儲存的訊息，包括：數據、文字、聲音、影像等，並能以相當快的速度隨機讀取這些訊息。它的另一個優勢是，能以很小的空間儲存大量訊息。

四、其他高科技

（一）高級衛星（Advanced Satellites）

發射衛星的國家愈來愈多。人造衛星將在政府交流、商業通訊、地圖製作、大地測量等多方面，扮演著愈來愈重要的角色，當然對於宇宙和天體物理學的研究更是重要。

（二）光電池（Photo-voltaic Cells, PV）

當日光中的光子照射到太陽能電池時，電池中的電子因受到照射而獲得電能，從而擺脫矽原子，成為自由電子，然後再被吸引到一組金屬導體上去，這種變化能產生一股電流（直流電）。光電池不需要任何燃料，且無污染，也不需要其他輔助的充電設備。它也不含任何活動部件，壽命可長達二十年以上。

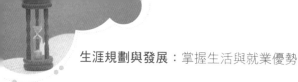

假使上述二十種核心科技之中的一半（十種），在未來十年之間有機會在台灣發展，將可能創造多少工作機會？但願讀者有機會參與及分享這個未來的果實。

生活故事

數位學習碩士在職班

台灣已經有七所大學開設數位學習碩士在職班。遠距授課的數位學習，方便上班族在職進修，2012 年將有中正、淡江、文化、世新、政大、逢甲、宜蘭等七所大學開設數位學習碩士在職專班。教育部電算中心表示，數位學習碩士在職專班為提供在職人士利用網路進修的管道，大學各領域研究所均可申請，通過審核開辦的專班，其學生學位的取得，遠距課程學分數可不受限制，半數以上的畢業學分數可以採用遠距教學方式修習。

專班招生名額除外加方式辦理外，也開放採納入學招生總量的方式辦理，一般碩士在職專班可轉型為數位學習專班開辦，以提供更多元的學習管道。另外，2010 年大專校院開設數位學習課程之校數有八十六所、學分課程數計一千三百門、修課人數約十萬人次。

第八章

進行工作規劃

第一節 工作的選擇

本節要討論三項主要的議題：一、求職基本概念；二、選擇工作的原則；三、影響選擇的因素。

工作的選擇是求職的第一步，這個部分包括三個主要項目：求職基本概念、選擇工作原則，以及影響選擇因素。

一、求職基本概念

選擇工作，特別是對第一次就業者而言，是人生的一次重大抉擇。要做好這樣的決定，需要充分準備與規劃。

（一）雙向過程

選擇工作實際上是一個雙向的過程，求職者對工作進行選擇，同時徵才者也對求職者進行嚴格的選拔。個人求職成功與否，取決於雙方的需求是否能夠達成一致。因此，求職過程中遵循一定的原則，運用一定的技巧來促進求職和求才雙方的相互了解，並獲得一致的看法，就顯得十分重要。選擇工作是個人依據所掌握的就業相關資訊，從自己的工作需要、就業興趣、工作價值觀出發，結合自己的人格特點，尋求合適工作的決策過程。

（二）影響因素

選擇工作的目的，是使人能夠盡可能地找到適合於自己的工作。由於現實的主客觀因素的影響，例如：求職者能力與雇用者之間的矛盾、求職者對工作的態度和雇用者之間的矛盾、求職者對就業的心理準備充分與否以及工作供需的矛盾、就業資訊是否完整和迅速等限制條件，選擇工作並不能達到完全成功而要受到一定的制約。

在這個前提下，在選擇工作的過程中要不斷地進行調整，兼顧社會需求和個人的個性、專長，處理好個人的需要、興趣、現有工作機會的矛盾，盡量實現求職者與企業組織之間的相互搭配，而形成最優質的組合。如此一來，求職者就業後，就能夠更快地適應新的工作，而積極投入工作。

（三）適才與適用

假使能夠完成這樣的搭配與組合，對求職者而言，一方面由於是自己喜歡的工作，工作起來心情愉快舒暢，能夠提高工作效率、增加工作滿意感；另一方面，工作與自己的能力、個性相適應，使個人更能在工作中發揮專長與開發潛力，做出對企業更多的貢獻，也就能逐步提升自己的生活品質。

二、選擇工作的原則

在選擇工作中，每一個人都有自己不同的選擇目標與途徑，遵循一些共同的原則，可以使我們少犯一些錯誤，盡快而順利地找到合適的工作。以下是五個選擇工作的重要原則，提供讀者參考。

（一）現實性原則

首先，求職要考慮現實性的原則。人在做任何事情的時候都無法脫離實際而只依靠理想，因此個人在制定求職計畫時，應該要以社會的現實需要及當時的就業市場狀況為基礎，來進行選擇工作的考慮，所制定的目標也應該

是現實可行的。許多人只知道追求完美的人生設計，其工作計畫過於主觀而不容易實現，結果只能招來挫折感和失落感。其實人要具有可變動性，儘管會受到現實的限制，但還是可以透過自己的努力來實現自己的人生目標。

（二）獨立性原則

其次，在選擇工作的過程中，要考慮獨立性原則。個人在求職時會受到很多人的影響，這些人可能是在其成長過程中曾給予過幫助和指點的父母、師長、朋友等。雖然在求職的過程中，可以聽取這些人的意見和建議，但是由於每個人的價值觀與個性都不同，加上他們所處的時代及他們自己主觀意識的差異，使得他們的觀點具有一定的局限性，且也未必符合求職者自己的觀點和需要。

舉例而言，某些家長希望子女繼承其事業，或者要求子女追求熱門行業，然而事實上這些工作在經過多年的流行之後，人才需求已經逐漸飽和，但他們的子女卻因此無法從事自己喜愛和適合自己的工作。所以，在選擇工作時，他人的意見和建議既可能會有利的一面，也可能會產生不利因素，求職者應該認真考慮這些意見和建議，採納正確和適合於自己的部分。畢竟，選擇工作是求職者個人的事情，最終還是要由自己獨立自主地做出決定。

（三）勝任與挑戰原則

再者，在選擇工作的時候，也要兼顧勝任與挑戰原則。個人在求職時必然會考慮該工作內容對個人的要求，不同的工作對人有不同的要求，因此個人的知識技能、身體素質、個性特點等，應該符合自己所要挑選的工作要求，而不能盲目選擇自己不足以勝任的工作。

對於力所能及的工作，人們通常能夠得心應手、心情愉快，但如果是不能勝任的工作，做起來就會力不從心、容易疲勞，產生挫折感和壓抑感，並且效率低落，使企業組織不能得到應有的效益。但是如果選擇難度過低的工作，時間一長，往往就會失去工作的積極性和創造性，容易懈怠和失去興

趣。有研究證明，在進行中等難度的工作時，人的專長發揮得最好，情緒水準與工作動能也能夠調整到最高。所以，選擇的工作一方面自己要能夠勝任，另一方面也應具有一定的挑戰性，這樣才能做出更好的成績。

（四）興趣和專長原則

在選擇工作的時候，更要兼顧個人的興趣與專長的原則。在選擇工作時，除了考慮社會需要和當前就業狀況以外，還應兼顧自己的興趣、愛好和能力專長，有興趣地去工作，個人能夠投入很大的精力和智慧，並發揮無限的創造性和積極性。當個人避開自己所不擅長的工作，而從事能夠突出自己能力和優勢的工作時，就可以完全發揮自己的潛力，而更能獲得成功。遵循此一原則，對個人與工作的發展具有雙重促進作用。

（五）發展性原則

在當代社會中，愈來愈多人會考慮到個人的發展性。工作除了作為謀生手段以外，也是個人尋求事業發展的方式。在選擇工作時，不僅要遵循以上幾項原則，還要考慮兩個問題：工作內容的發展和個人自己成就感的發展。在一個企業團體中，企業的整體實力、提供的深造及晉升機會、前途、同事關係等影響工作發展的條件，都得加以重視。

三、影響選擇的因素

影響選擇工作的因素很多，主要包括個人方面的主觀因素和外在的客觀因素。如果能夠了解和把握這些因素，找出其中的規律並加以利用，就易於掌握選擇工作的主動權，在求職競爭中獲得成功。

（一）主觀因素

主觀因素是指，求職者自己所有影響其選擇工作的一些因素，主要有以下五個方面。

1. 年齡因素

　　年齡牽涉到個人是否適合於從事特定工作的重要因素。未達到一定年齡的人，某些生理機能和心理能力發展未達成熟或沒有定型，不具有穩定性，因此不能參加工作，例如：法律規定禁止少年或孕婦從事特定具有危險性的工作。同時，超過一定年齡的人各方面機能衰退，一般也不適於進行勞力工作。對有些工作來說，也只適合某一年齡層的人，例如：一些需要年輕、外貌與身材好的工作，像是模特兒之類以及服務業等，就只適合年輕人。另外，年齡的不同還會影響人們選擇工作的方向。年紀大的人閱歷豐富、頭腦冷靜，對選擇工作的目標十分明確、有針對性，但他們的自我觀念較強，不易也不願接受新工作的挑戰。對於年輕人，儘管在選擇工作中比較容易有盲目性和衝動性，但他們更願意嘗試新的工作，也較容易適應新的工作要求。

2. 性別因素

　　男性和女性在選擇工作的範圍上有所差異，一方面是由於兩性間的生理差異所造成的，這是合理的原因；另一方面，社會傳統觀念特別是對男女角色的期望存在著差異，因而自然地在男女的工作範圍上加上了種種限制。在以男權為主流的社會裡，女性在事業發展中會比男性受到更大的阻力，例如：在求職時，需要更周詳地考慮到婚姻和家庭的因素，由此也可能影響到工作的進展。雖然目前男女平等的觀念逐漸提高，但很多企業在招募員工的時候，還是會對性別有一定的要求與限制。

3. 教育因素

　　受過一定的專業知識教育和工作技術培訓的人，在求職時會具有較大的優勢，就業機會比較高；而學歷的高低不同，所獲得的工作也會有所差異。由於教育能提高人的社會地位，所以有較高學歷或受過較多教育者，在求職時較易取得較好的工作。此外，具有較高教育水準的人對就職以後的繼續發展也很有幫助，例如：在職考核、加薪、晉升時，會有更多的機會。

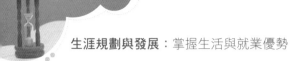

4.經歷因素

　　有工作經歷的人擁有較好的條件，在求職時也更易被接受。同是剛畢業的職場新鮮人，在學期間若有打工經驗者，或是具有擔任「義工」經驗者，甚至曾經在學校社團擔任幹部者，都能夠累積有利於求職的經驗因素。

5.個性因素

　　這是指求職者關於個性心理特徵和個性心理傾向性等心理因素對選擇工作的影響。關於求職者的個性影響求職的順利與否，這個因素牽涉到兩方面：一方面是求職者的心態，是否願意接受求才機構所提供的職位；另一方面，也牽涉到求才機構是否滿意面試時求職者的表現，而願意雇用之。

（二）客觀因素

　　除了求職者自己的條件以外，還有許多影響選擇工作的外在因素。這些因素並不直接發生作用，而是透過影響求職者個人的主觀意識來達到對其選擇工作的影響作用。影響求職的客觀因素，主要有以下四個項目。

1.家庭因素

　　家庭因素是指家庭本身的經濟狀況和社會地位，一方面人們可能會繼承自己家庭原先的經濟來源和社會地位，例如：比較有權勢或富裕的人，更有可能取得較好的工作；另一方面，家庭經濟不佳的人，也可能想經由尋找好的工作來力圖改變自己的現狀。此外，家庭因素也包括家庭成員的影響和期望，特別是父母的工作意識會影響到子女對工作的看法，使他們認同和選擇父母所欣賞並期望他們去做的工作。在某些時候，家庭成員甚至可能會直接干預個人的選擇。

2.社會因素

　　社會習俗和文化傳統對工作的觀點會影響個人對待工作的態度和觀念，進而影響人們選擇工作時的目標。另外，社會輿論及求職者周圍的人際關係

也會對其產生作用，例如：求職者所處社會的輿論導向以個人奮鬥為主，求職者就容易選擇白手起家的道路；如果一個人的朋友中，大多找到了較好的工作，那麼他也可能受到一種無形的壓力，要去尋找一份與他人地位相當的工作。

3. 資訊因素

就業市場資訊是人們做出選擇工作決策的重要依據，能夠促進或阻礙個人選擇某一項工作。人力需求資訊提供了人們求職的各種機會，反過來也告訴人們種種工作要求和限制條件。如果所獲得的資訊量充分且及時，求職者就能夠在選擇工作中把握更大的主動權。尤其，目前的網際網路蓬勃發展，有人力需求的企業與求職者都能透過這個平台，快速地達成雙方的需求。

4. 偶然因素

偶然因素是在選擇工作的過程中，個人無法加以掌控、隨機發生的一些情況，這些不穩定且不可預見的情況有可能會改變選擇工作的方向，加速選擇工作的進程，也可能具有阻礙作用。當偶然因素有利於求職者時，一般便被稱做機遇；如果面臨機遇時，能夠有所準備並確實把握，此機遇就可能為個人的工作選擇帶來意想不到的收穫。

生活故事

工作壓力大

工作壓力太大，小心心肌梗塞與猝死找上你！研究顯示，工作壓力是心血管疾病的危險因子，高壓力工作者因心血管疾病而死亡的風險，是低壓力工作者的 2.2 倍！

中華民國心臟基金會於 2010 年 9 月 10 日曾針對國內三大都會區 1,068 名上班族所做的職場調查顯示：78%受訪者每日平均工作時數超過八小時，其中有 65%身體會出現肩、頸、背部疲痛、57%眼睛疲勞、56%容易疲倦與

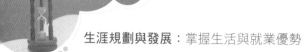
精神不濟，高達18%的受訪者因工作壓力太大，幾乎天天失眠。心臟基金會副執行長程俊傑醫師指出，精神壓力會引發多種心血管疾病，包括使中樞神經活化，增加心跳、血壓、冠狀動脈收縮及血小板活化，引起突發性心室顫動，造成猝死。此外，壓力也會使腎上腺交感神經失調，惡化心血管疾病，或使腎上腺活性增強，使皮質固醇釋放至血液，血中膽固醇與三酸甘油脂量增加，而造成動脈粥狀硬化、血壓升高、胰島素阻抗；也可能使血小板活化，血液過度凝集形成血塊，造成心血管疾病惡化等問題。

　　上班族工時長、少運動、常外食、工作壓力大，要遠離心血管疾病，必須懂得適時舒壓。醫界對於上班族的建議，已從過去天天五蔬果的「吃的健康」，衍伸為「推薦給你的同事，辦公室附近提供健康食物的餐廳」以及「把運動習慣帶進辦公室」。亞東紀念醫院復健科主任邱正民醫師指出，上班族在辦公室中，可以抽空多做肩頸肌群伸展運動、前臂群肌伸展運動、前胸肌群伸展運動、骨盆傾側運動、伸腿伸踝運動、腰背伸展運動等，定時動一動，舒解壓力。

第二節　求職的策略

　　本節要討論三項主要的議題：一、求職的取向；二、將興趣變成工作；三、張忠謀的忠告。

一、求職的取向

　　在自由地選擇工作的前提下，人們通常會在尋找工作時，主動採取一些方法來滿足自己的需要和願望。每一個人會採取不同的方法，針對的重點也不同，例如：有的人希望待遇高，有的人看重好的工作環境與同事，有的人

強調個人發展，也有的人以工作的挑戰為重點。一般來說，選擇工作的策略可分為以下四種取向。

（一）專業取向

在選擇工作時，有些人以自己所學的專業為考量的重點，希望從事的工作與自己所具有的專業知識、技能以及經驗是直接相關的。這是一種以工作內容取向的策略，如果一個人學習的是電腦專業，所從事的工作取向即是以軟體開發或資訊工程為工作內容的工程師。實際上，在學習專業知識、接受工作教育培訓之前，求職者已經進行了一次對未來所從事工作的預備選擇，所學習的專業代表了求職者的工作理想，與這樣的專業相關工作，也是求職者所嚮往的。

另外，經過長期的專業學習和準備，個人已具備了有關工作所要求的專業知識技能。一方面，對企業組織來說，不必再對新進人員進行培訓；另一方面，對個人來說已相當熟悉相關的專業內容，並已具備相當的經驗，一旦開始工作，就能較快地適應新的工作。選擇「專業取向」的工作，求職者多數是為了學有所用，發揮自己的一技之長，並透過專業性的工作達到個人發展的目的，最終實現自己的理想。

（二）工作取向

對有些人來說，在學習專業知識和接受教育之前，並沒有選擇到自己喜歡的專業科目，而是聯考分發的結果；因此在選擇工作時，也不會以專業為取向，反而以找到工作為首要的重點。以工作為取向的策略，通常包括三種情況：

第一種是看重工作內容，這與專業取向的策略較為相似。求職者選擇的工作，其工作內容雖然與自己的專業很少有關聯，或者根本無關，但這個工作內容是自己所感興趣或能夠發揮個性和優點的。從事這種工作也能使人積極工作，追求成功，實現自我。

第二種是以追求工作性質穩定為重點，這種穩定性表現在工作地點和內容不常變化、待遇及地位有所保障等方面。選擇穩定性工作的人性格多為保守內向，他們的安全需要通常比較強烈，工作穩定實際上是滿足了這種需要。

第三種情況是以工作性質為重點，例如：有些人喜歡有變化、富有挑戰性的工作，即使工作沒有特別的保障也可以，認為這樣更能考驗和顯示自己的能力，從事這種工作，自我也更能求得廣闊的發展。

以目前新世代求職者中，採取第一種取向者最多，其次是第二種取向，而採取第三種取向者，則比較少。

（三）企業取向

除了自行創業之外，對大多數工作者來說，個人的成就是依附在一個穩定發展的機構而存在。然而，在不同的企業裡，即使工作內容和性質都相同，每一個人的工作條件、待遇、人際關係、發展機會也會有所不同。因而對個人來說，進入不同的單位工作，就會有不同的未來。也有人以公職人員的工作穩定，將公家機構的徵才機會，視為人生的重大目標，這是另類的企業或單位取向，例如：很多機構會做求職者最希望被哪些企業錄取的市場調查，許多知名企業都會上榜，而最被求職者注重的理由與項目，也會被另外提出來討論。

因此，有些人會把專業和工作放在次要的位置，而採取以工作單位為主的求職策略。採取這樣的策略有一定的好處，由於環境、歷史條件等因素的作用，各單位形成了不同的實力和風格，在工作環境、管理方式、人際關係、晉升發展等方面各有好壞，求職者能根據自己重視的方面對其有所選擇，有利於增加工作滿意度。另外，求職者自己具有不同的個性特點、需要與不同的環境配合。在環境適合於自己的單位中工作，就更能發揮自己的個性和特長。採取此一策略的基礎，首先是工作內容的穩定性，同時也基於社會上關於各種企業的傳統觀念和個人對這些企業的評價。

（四）嘗試取向

　　嘗試策略能夠幫助人們在多種工作中，選擇到一份對自己來說較為理想的工作。採用此一策略的人，通常不能確定自己究竟想要或者適合從事什麼樣的工作，因而，在剛進入職場時，嘗試涉足多種工作模式，看看這些模式是否適合自己，然後決定是否要繼續做下去。嘗試性策略作為一種不確定的試探，不僅包括短期的臨時工作，也包括業餘的打工和兼職。在對多種工作進行試探之後，自己可以根據這些工作的感受與工作的成績，做出比直接選擇某一工作更為全面可靠、更有遠見的決定。

　　除此以外，透過多種工作的實踐，人們還可以獲得開拓眼界、累積更多經驗、建立對將來可能的人際關係等益處。請注意，嘗試性取向的策略若使用不當，也可能帶來一些麻煩，例如：嘗試太多工作反而不知如何選擇、做兼職可能會過度分散自己的精力，以致於每樣工作都做不好。因此要謹慎使用此一策略，並且要定一個決斷的期限，才不會陷入一直轉換工作的循環當中。

二、將興趣變成工作

　　將興趣變成工作，可以懷著樂趣從事工作，又有足夠的收入。舉例如下：花蓮縣吉安鄉東昌部落阿美族子弟卡地，從小就喜歡下海打魚，現在把興趣當成工作，經常在妻子阿鈴陪伴下潛水打魚，和烹煮海鮮料理給饕客，悠哉地過生活。

　　將近五十歲的卡地是東昌部落的阿美族子弟，從小在長輩的教導下學會游泳，經常和部落的玩伴相約下海打魚。隨著年齡漸長，潛水打魚成為他的興趣，他說：「只要看到大海就很興奮。」卡地從小到大，只要海面狀況允許，就會下海潛水打魚。他曾開過小吃店、卡拉 OK 店，店裡的海鮮都是自己下海捕撈和親手料理，因為魚新鮮、手藝好，光顧過的客人都讚賞不已，在口耳相傳下，生意愈來愈好。「雖然生意愈做愈好，但是我喜歡交朋友，

來一個客人就交一個朋友，結果每天都喝到醉茫茫。」卡地說，後來發現再這樣下去，身體實在受不了，只好關店休息，打算休息一陣子後再找工作。

　　卡地雖然把店收起來休息，不過潛水打魚的活動卻沒有中斷，每次補到魚後，還是呼朋引伴來吃吃喝喝。朋友認為，卡地既然這麼喜歡打魚和料理海鮮，就一邊打魚一邊賣魚，隨興做也不會有壓力。卡地覺得這個建議好像不錯，於是從十年前開始在花蓮沿岸各地潛水打魚，也不再找其他工作了，沒想到潛水打魚的興趣讓他的生活過得自由自在。「我也沒有什麼菜單，抓到什麼魚或海鮮，就料理什麼給客人吃。」卡地說，家裡的客廳變成簡單的店面，上門的客人幾乎都是海鮮饕客，不在乎店面裝潢，卻很挑剔海鮮的鮮度。有許多客人從中部包車來這裡嚐鮮，各行各業的大老闆也經常來吃，甚至還有中國大陸的觀光客上門。

　　卡地潛水打魚的地點以花蓮沿海七星潭、花蓮港東堤、牛山等海域為主，魚種則是高檔的底棲魚類，還有九孔、海膽、龍蝦等。卡地的妻子阿鈴笑著說：「每次半夜去打魚，我都陪著去，不過是卡地下海打魚，我都是坐在沙灘上，邊吃新鮮九孔邊想事情。」「我也很高興老婆喜歡吃新鮮的野生九孔。」卡地說，要不然老婆一個人坐在岸上很無聊，很過意不去。潛水打魚的漁獲量並不是很多，要維持生計並不是很容易，不過卡地很樂觀的說：「沒有賺很多錢，生活過得去就好，這種興趣結合工作的生活模式，自由自在，沒有壓力，實在很好，不會想要再做別的工作。」

　　卡地夫妻以簡單原始的方法料理海鮮，呈現最新鮮的原味，備受上門顧客的好評，顧客甚至建議卡地不妨考慮擴大店面營業；不過夫妻覺得，「現在這樣的生活已經很舒服、不複雜、沒有壓力，做好自己能力所能及的範圍過生活就好。」卡地帶著一把魚槍潛水打魚，曾捕獲六十斤重的老鼠斑，也曾抓到十三斤重的鸚哥魚，還有石鯛、龍占魚等許多高檔魚種。他說，十年前這些高檔魚很多，以前同一魚種可以抓到約十至二十條，現在只剩七、八條，而且體型也都變得比較小，「大海的魚類資源明顯變少了」「打魚是阿美族的傳統，祖先傳承下來，吃多少魚就打多少魚。」卡地說，「我們不會

多打魚,也不願意商業化,只要夠吃就好。十年來這樣的生活很單純、很悠哉,大自然供養我們自在的生活,我要一直潛水到不能潛為止。」

以前,許多農村的年輕人都紛紛到都市打拚工作,然後賺錢寄回家鄉,改善家裡的生活。現在有一些人,反而是從都市返回農村,一方面是回家陪伴年老的雙親,另一方面也可以重溫年幼時的農村生活,而且因為稍有資金,加上社會工作的歷練,有些人也從事精緻農業的工作,這也是興趣變成工作的類型。

三、張忠謀的忠告

台積電董事長暨總執行長張忠謀在舉辦 2012 年度運動會時,提到公司營運績效卓著,不僅產品良率創新高、年度產量創新高、客戶增加創新高、客戶授獎創新高、年營收及獲利也同創新高,不過員工工時卻創下新低。

張忠謀說,近一年來他常常對主管及員工表示,不希望每週工作時數超過五十個小時,但也不希望低於四十個小時,他並以身作則指出,他自 1955 年就職以來,工作五十五年,很少一週工作超過五十個小時。他也指出,除了工作外,一個人還有生活,有家庭、配偶及小孩,也有朋友及興趣,如果沒有生活,人生就沒有太大樂趣。張忠謀說,他並不期待長假,反而比較注重每個週末。此外,員工對公司也要有承諾,因為沒有承諾,就沒有信仰,他希望員工都能在工作與生活中取得平衡,並對公司有承諾。

生活故事

工作進修、日夜操勞

財團法人法律扶助基金會板橋分會陳姓員工,體型壯碩且年僅二十六歲,日前卻發生心因性猝死,讓家屬及同事錯愕,懷疑他因為同時準備法律進修班期中考及採購人員考試,疑似過勞死,並指出他只是壯碩不算胖,如果平時有健康檢查,早一點發現身體狀況,就不會這麼年輕就往生;此外,

也提到加班工作也要有補償規範。

但是法律扶助基金會秘書長鄭文傑說，調閱陳姓員工的上班紀錄，並未發現有加班過久的情況；因基金會現行沒有撫恤制度，日前已開會決定採專案補助，日後也將為員工爭取健檢補助。據了解，陳姓男子身高一百九十多公分、體重一百三十多公斤，是一名身型壯碩的陽光男孩，因熱心助人被同事稱為「熱心哥」，他還主動爭取到偏遠鄉村進行法律服務。

法律扶助基金會工會理事長涂又文說，陳先生為了法律扶助基金會的採購業務想取得採購人員資格，預計近日應試卻遇到學校期中考，加上要忙板橋分會的新舊會長交接、尋找新會址等事，日夜操勞。她說，陳先生死後家屬沒辦法拿到任何撫恤，工會很心寒，已幫忙向勞工局爭取職災認定補助。她並指出，司法院員工因員額限制也沒有健檢，常年在精神壓力下工作。板橋分會表示，扶助案件每年有一成五的案件成長，今年已有五千五百多件，但員工沒增加，工作量自然變多。板橋亞東醫院心臟內科主任吳彥雯表示，心因性猝死可能是心肌梗塞、心律不整等狀況造成，體型較胖和過勞工作的人，比較容易發生，初期有易喘、胸悶等症狀，此時就要注意並及早就醫。

第三節　求職的過程

本節要討論四項主要的議題：一、進行自我評鑑；二、蒐集就業資訊；三、善用就業資訊；四、採取積極行動。

選擇工作的過程，肯定是一個重大的人生決策過程。面對這樣重大的決策，應全面掌握資訊，知己知彼，這才是決勝的根本保證。從決策的角度來看，選擇工作的過程就是一個蒐集就業資訊、處理資訊、做出決策並付諸行動的過程，這些過程包括進行自我評鑑、蒐集就業資訊、善用就業資訊，以

及採取積極行動等四個環節。

一、進行自我評鑑

　　求職的過程是一個發現、認識及挖掘自我潛能的過程。因此,當一個人準備選擇工作的時候,第一件要做的事情就是多層次、多角度地了解自己,明瞭自己的實力、明確自己在求職任務的心理定位,以避免在求職過程中,失去自己應該把握的條件,而造成求職失誤,導致今後的工作不合適,事業無成,枉費自己的青春和其他寶貴資源。自我評鑑從時間概念上來說,就是對自己的過去和現在的情況進行評價。求職的自我評鑑,包括下列三個項目。

（一）了解現況

　　首先,應針對現在的情況,明瞭自己當前有利於自己、清楚認知自己未來的發展方向。大學生在畢業前自我檢討時,可以專注於幾個方面:

1. 為什麼上大學?
2. 為什麼選擇現在這所大學?
3. 為什麼選擇這個科系或專業?
4. 在大學所學到的專業知識與技能為何?
5. 自己的優缺點、興趣愛好是什麼?
6. 除了本科（系）之外,還擁有哪些其他的本領?
7. 自己的人生觀、價值觀與未來的抱負是什麼?
8. 老師、同學、父母、親戚、朋友及其他周圍的人對自己的評價、看法和期望為何?
9. 大學生活對自己未來可能產生的影響是什麼?

　　透過對現況的自我了解,個人會對自己產生一個全面、清晰的輪廓。大學生可在畢業前將這些內容整理出來,以便撰寫履歷和接受面試時參考使用。

（二）了解過去

其次，是對過去的情況加以檢討。透過對自己過去經驗的檢討，有利於理解自己的現在和推斷自己的未來發展。對過去情況的檢討可以從關鍵人物、關鍵事件和職業預想等三方面著手。

1. 回顧自己在過去的歲月中，影響過自己的關鍵人物可能有哪些？這些人包括家庭成員的祖父母、父母、兄弟姐妹等，也包括社會交往的朋友、老師、同事、前輩、鄰居等，或甚至是雜誌封面人物的社會名流等。

2. 回顧影響過自己的關鍵事件有哪些？這些家庭事件包括兒時的家庭人際交往、家務活動、家庭成員的意外事故等，也包括社會活動的重大社會事件、求學生活、短期打工、創造性活動等，或是自我身心事件的健康問題、獎懲經歷、成功、挫折等。

3. 回顧過去曾經預想過、嚮往過的工作，對現實的選擇也會發生潛在影響。可列出自己曾經嚮往過的工作，看看其中現在是否有仍然感興趣的工作，分析自己多年來什麼是自己最感興趣的工作，或做出過哪些努力與嘗試，是否有過成功的感受，並分析自己曾經嚮往過的這些工作是否能夠滿足五個需要層次（生理需要、安全需要、愛和歸屬需要、自尊需要、自我實現需要）中哪個層次的需要。

（三）自我發現

最後，是對自我發現的評鑑。這是透過對自己過去與當前情況的檢討，進一步對自己進行深度挖掘，此有利於發現自己與未來工作發展的關聯性。自我發現包括下列三個項目：

1. 明確自己的優點與缺點：敢於面對自己的優缺點，是一個人心理成熟的標誌，在明確自己優缺點的基礎上，確認自己的真實形象，有利於自我調整與自我發展。這些部分還包括了解自己實際的性格特徵與否定的性格特徵。

2. 評量自己的價值觀：以價值觀做為選擇與適應工作的價值準則，對一個人的工作態度有關鍵性的影響。這些部分包括傳統的經濟價值、倫理價值和安全價值，以及現代的個人身分感、自我價值感、個人成長與成就感、人際交往等。

3. 體察自己的個人能力、工作興趣及價值觀：個人能力包括表達、領導協調、分析決策、創造力等；工作興趣則是一個人專注於特定活動或對象的動力來源，以了解自己的工作興趣，選擇符合自己興趣的工作，將會影響到以後自己在工作中的投入及其成功的機率。

如果透過自我評量，個人還不能確定自己的個性是否能真正把握的話，可以求助於專業心理學工作者或工作指導專家，他們能運用一些標準化的心理測量工具，例如：「一般能力傾向測驗」（General Aptitude Tests Battery, GATB）、「霍蘭德工作傾向性測驗」（Holland Vocational Preference Inventory Test）、「史壯－坎貝爾工作興趣測驗」（Strong-Campbell Interest Inventory）等，對求助者的個性特徵進行科學、客觀、全面的測量判別。

二、蒐集就業資訊

在做完自我評鑑之後，就要進行就業資訊的蒐集。在蒐集就業資訊方面，要考慮蒐集資訊的原則、就業資訊的內容，以及蒐集資訊的管道。

蒐集就業資訊是一個科學性、技術性的活動，要成功取得資訊，遵循一定的操作原則是必要的。這些包括下列四個原則：

1. 準確、真實性原則：就業資訊是求職者決策的依據，準確和真實與否直接影響決策的正確性。由於就業資訊虛假造成的決策失誤，往往會帶來多方面的損失，因此，在蒐集就業資訊的時候，一定要透過鑑別資訊來源等多種方法，確認就業資訊的準確性和真實性。

2. 適用、針對性原則：要根據自己的實際情況去蒐集有關的就業資訊，以免資訊蒐集的範圍太大，浪費了不必要的精力與時間，而資訊的龐雜也會干擾合理決策的制定。

3. 系統、連續性原則：就業資訊在許多情況下是十分零碎的，需要求職者
善於連續蒐集有關資訊，把相關的各種資訊累積起來，以進行分析和對
比，形成比較客觀、系統，能夠全面反映就業市場、就業政策、就業動
向的有效資訊。

4. 計畫、條理性原則：蒐集就業資訊應該要有計畫、有方向。在處理資訊
的時候，要有輕重緩急的概念，方法得當。

三、善用就業資訊

就業資訊是指與個人工作有關的知識和資料，其範圍十分廣泛，既包括
反映整個就業市場的社會工作狀況方面的資訊，也包括反映特定工作的性
質、任務、要求、待遇及升遷機會等具體情況的資訊；此外，還包括與獲得
工作資格有關的教育培訓資訊。

（一）解讀資訊內容

就業資訊的狀況反映一個國家或社區的產業結構、行業結構、職業區
分，以及就業制度與就業政策的基本情況。從整體上了解社會職業狀況，無
論對個人進行有效選擇工作，還是就業輔導機構有效從事規劃工作，都是十
分重要的。

一般而言，就業決策所必須參考的資訊應該是反映現實的狀況，而相關
的資訊也應當包括下列內容：

1. 產業的分類與結構：隨著時代的演變，經濟、社會、文化都有很大的發
展，產業結構也發生許多變化，從事農、林、漁、牧業的人數不斷下
降，轉入加工與製造業及貿易與服務產業的人數則呈現不斷上升的趨
勢，而高科技產業更是蓬勃發展，從業人數也在不斷增加。這些趨勢對
選擇工作與就業輔導將會持續產生深遠的影響。

2. 工作的分類與結構：工作不同於行業，行業是按工作組織的社會職能來
劃分，而工作則是按勞動者所從事的具體工作性質來區分的。因此，一

個行業中可能包含從事多種工作的人，而同一種工作在不同的行業都有需求，例如：助理工作，在許多行業中都需要助理人員，有業務助理、助理會計、牙醫助理等工作。而且，隨著社會的進步，工作的變化也很快，一些舊的工作會被淘汰，新的工作不斷產生。

3. 工作說明書：工作說明書是具體、詳細介紹某種特定工作，對於職務或職位、性質、任務、待遇，以及對人員的要求等內容的書面文件，通常是由詳細的工作分析中得來；一般包括工作名稱、職務描述和職務規範等三個基本部分。由於每一項工作的工作場所、隸屬關係及實際工作內容不同，因此在許多情況下，雖然職務名稱相同，但實際的工作內容卻十分不同。

4. 進修與培訓資訊：個人為了獲得與特定工作適合的資格，包括知識、技能與態度等，需要在職前與工作中接受相關的教育或培訓。有效的教育培訓資訊，應包括：學習或培訓的基本情況、培訓的性質與目標、培訓的規模與組織、培訓的專業設置等。

（二）處理就業資訊

當蒐集到就業資訊後，求職者就要結合自己的情況，依據有關的法規及社會常識對它們進行篩選，以及有目的性、有針對性的排列、整理和分析。

1. 就業資訊的鑑別

首先，應該對資訊的真實性和有效性進行認真的鑑別：一則看資訊來源的可靠性；二則看內容的明確性與有效性。一般來說，一項比較好的就業資訊應該包含以下要素：工作單位的全稱、性質及其主管部門名稱，以及對從業者學歷和學業成績的要求，與對從業者的工作技能及其他才能的特殊要求，同時還應包括工作地點、工作時間、工作環境、薪資和福利條件，以及工作晉升與進修培訓等項目。

2. 就業資訊的選擇

接下來就要鑑別資訊的適合性。我們可以從專業性、興趣愛好，以及性格特徵等三個方面，來鑑別就業資訊的適合性。

第一，專業性：專業是否適合，往往是企業組織與應徵者互相選擇的共同標準。應徵者具備的專業符合企業組織的需求，可以縮短個人開始工作後的適應期，使個人更容易發揮專長，避免自己的專業資源與時間的浪費，也可以減少企業對於新進人員的專長培訓。

第二，興趣愛好的適合性：由於升學時的專業選擇並不一定是個人自己的意願，許多人在求學期間仍對自己的興趣比較專注，因此，在畢業後選擇工作時，專業相對而言，並不一定是自己唯一的考量。興趣是一個人在工作中取得成功的重要條件，但是，在做出以自己的興趣愛好為求職出發點之時，也需要認真權衡其利弊得失。

第三，性格特徵的適合性：應充分考慮所選擇的就業資訊與自己的性格是否相吻合，以便日後更容易適應工作。

四、採取積極行動

在選擇就業資訊之後，求職者還必須針對特定的目標做有效與適當的處理，並採取積極的行動。這個部分包括下列四個步驟：

1. 正確、有效地選擇就業資訊：首先，需要在較短的時間內查閱大量的工作資料，以便從中選出最有用、最重要的資訊；其次，要善於運用查詢、核實等方法來鑑別就業資訊的準確性與有效性，並用關聯社會政策與個人特點的方法，使就業資訊的選擇具有可行性。

2. 善於發掘就業資訊：資訊是否有價值，往往取決於人們如何利用。透過認真的分析、綜合與推斷，發掘出資訊的價值，這也是一定要做的功課。

3. 迅速做出反應：就業資訊的時效性很重要，及時使用就是財富，過期不

用就要自動作廢。因此，一旦手中掌握了正確、有效、可行的就業資訊，就應該及時綜合這些資訊，進行比較、選擇和決策，以免錯失良機。

4. 提出求職申請：在選擇特定目標之後，就要採取積極的求職申請行動，這個行動包括：提出求職申請書，針對特定目標而撰寫的履歷表、自傳，並準備實際作品或推薦書等。

生活故事

陳伯伯的故事

陳伯伯從來沒有出過國門，存了半輩子的錢，終於參加了一個旅遊團出了國。國外的一切都是非常新鮮的，但關鍵是，陳伯伯參加的是豪華團，一個人住一個房間，這也讓他新奇不已。一早，服務生來敲門送早餐時，大聲說道：「Good morning, Sir！」陳伯伯楞住了。這是什麼意思？在自己的家鄉，一般陌生的人見面都會問：「您貴姓？」於是陳伯伯大聲叫道：「我叫陳伯伯！」如是這般，連著三天，都是那個服務生來敲門，每天都大聲說：「Good morning, Sir！」而陳伯伯亦大聲回道：「我叫陳伯伯！」陳伯伯非常生氣這個服務生也太笨了，天天問自己叫什麼，告訴他又記不住，真的是很煩。

終於他忍不住去問導遊「Good morning, Sir！」是什麼意思，導遊告訴他這是有禮貌的問候語。於是陳伯伯反覆練習「Good morning, Sir！」這個詞，以便能體面地應對服務生。有一天的早晨，服務生照常來敲門，門一開陳伯伯就大聲叫道：「Good morning, Sir！」與此同時，服務生卻說：「我是陳伯伯！」由於服務生對陳伯伯的見面問候語感到困惑，請教領班對應之策，領班說：「既然對方如此問候，你就學他的話好了。」

這個故事告訴我們，人與人交往，常常是意志力與意志力的較量。不是你影響他，就是他影響你，而我們要想成功，就一定要培養自己的影響力，只有影響力大的人才可以成為強者。

第九章

掌握求職過程

第一節　成功的求職面試

　　本節要討論三項主要的議題：一、面試的內容；二、面試的性質；三、面試的方式。

　　求職過程的成功關鍵在於面試。雖然有一些求才機構會先用筆試來過濾不合基本要求的求職者，但其實是否能夠被錄用的關鍵還是面試。

　　面試是一種方式，可讓求職者與求才者雙方都能夠透過這個管道，各取所需，並獲得圓滿的結果。在這個前提下，面試的內容就會因不同的專業領域、職位、主試與參與者，而顯得多元化。有些著名公司的面試題目與內容，也被集結成冊出版，而成為讀者的討論焦點，例如：《如何移動富士山：答得出來，才是頂尖企業要的人才》一書，就揭露了四十四道最著名的「微軟考題」。儘管如此，面試的內容依然可以找到下列七個共同點：專業能力、反應能力、領導才能、與人相處、溝通能力、工作態度，以及人格特質。

一、面試的內容

（一）專業能力

　　一般而言，求才者會先透過面試來了解求職者的專業能力，看其是否符

合企業組織的需要；同時，求職者也要盡量表現自己的專業能力。在專業能力方面，包括主要領域與通用領域等兩方面，主要領域又分為主修與副修或雙修等幾個項目。專業能力的分類非常細密，有類似隔行如隔山之比擬，而專業能力不僅要「專」，更要達到「精」的程度。以下所指的是一般所通用的專業能力：

1. 一般的計算能力。
2. 財務管理的知識。
3. 應用電腦的知識。
4. 文字與寫作的能力。
5. 秘書的技巧。
6. 推銷與公關的能力。
7. 人事管理的知識。

（二）反應能力

其次，求才者也希望經由面試來了解求職者的反應能力，看其是否能夠處理一些意外的事情；同時，求職者也要盡量在反應能力方面表現自己，特別是在溝通的技巧上能展現個人的優點。反應能力通常包括對專業性的反應，以及對一般性的智力與思考的反應能力。而一般的反應能力是指：

1. 分析推理的能力。
2. 辨識及解決問題的能力。

（三）領導才能

求才者也希望透過面試來了解求職者的領導能力。雖然許多的職位要求無關領導項目，但還是會希望了解求職者是否具有這方面的才能，以便將來可能有機會需要此種能力。一般而言，領導才能包括下列十七個項目：

1. 具有說服力。
2. 應付壓力的能力。

3. 能引起動機。

4. 有監管他人工作的能力。

5. 具有威信,能令人尊重。

6. 能製造團體向心力。

7. 對客觀環境的辨識能力。

8. 擬定方向與目標的能力。

9. 整合資料的能力。

10. 發掘資源的能力。

11. 想像力。

12. 抽象化思考的能力。

13. 反應敏捷。

14. 同時照顧各種需求的能力。

15. 處理突發狀況的能力。

16. 下決定的能力。

17. 組織能力。

(四) 與人相處

與人和諧相處,也是求才者希望知道的重要議題之一,因為一個績效好的團隊,必須由眾多能夠彼此和諧相處的成員來組成;否則組織的整體專業表現,也會因員工之間的關係不融洽而大打折扣。與人相處的能力主要包括下列九個項目:

1. 表現友善。

2. 能與人分享成果及功績。

3. 有助人的精神。

4. 能和上司、同事及朋友相處融洽。

5. 有健康的競爭心態。

6. 能夠求同存異。

7. 有自信心。

8. 有與人合作的精神。

9. 對他人的需要感受，有一定的敏感程度。

（五）溝通能力

溝通能力是領導能力的一個條件，以及與人和諧相處的一個要素。這種能力基本上包括下列五個項目：

1. 容易與人談話產生共鳴。

2. 聆聽及尊重他人的意見。

3. 語言表達能力。

4. 在會議中懂得如何說服與會者。

5. 懂得適當地讚美或忠告他人的表現。

（六）工作態度

求職者對工作的態度，更是求才者觀察的重點。工作能力強，並不等於工作態度好，所以求才者要用單獨的議題項目來審查，同時求職者也要與工作能力的項目分開來表現。審查工作態度，主要包括下列十個項目：

1. 有責任感。

2. 表現自律。

3. 有決心與耐性。

4. 不介意超時工作，以完成任務。

5. 反應靈活。

6. 對工作有熱誠。

7. 態度誠懇。

8. 能適應不同的工作環境。

9. 能接受他人的意見。

10. 願意學習新知識及技巧。

（七）人格特質

最後，求才者希望了解求職者的，是個人的人格特質。一般而言，人格特質較難在很短的面試時間內，正確的審查與適當的表現。人格特質主要包括下列六個項目：

1. 誠實。
2. 可靠。
3. 忠心。
4. 有眼光。
5. 能夠獨立工作。
6. 堅持不懈的精神。

二、面試的性質

主試者，包括單位主管與人事部門主管，必須經常主持面試工作；為了方便探索求職者的能力，以便充分掌握必要的訊息，會事先規劃多套不同性質的面試，以便適時選用。既然面試工作是單位主管與人事部門主管們的經常性任務，他們自然養成特定的習慣性風格或偏好。

按照面試的性質，一般可以分為三種類型：誘導性的面試、強制性的面試，以及綜合型的面試。

（一）誘導性的面試

誘導性的面試是指，主試者對求職者提出問題或議題，讓對方回答。因此，提問問題的內容與技巧，便成為面試成敗的關鍵。通常主試者會設計一系列的相關性或關聯性問題，「誘導」求職者「坦白」回答，所以這種性質的面試，被稱為「誘導性的面試」。這種性質的面試，可以引出求職者所知的事情，包括：一般常識、專業知識、反應能力、領導才能、人格特質等；此外，在問答之間也能夠觀察到求職者的隨機反應或應變能力。誘導性的面

試一般會以下列四種方式呈現：

1. 焦點問題法：主試者針對既定的焦點，從問題的周圍逐漸縮小，慢慢朝向問題的核心提問。

2. 逐步問答法：主試者按照問題的重要順序或時間順序提問，讓求職者逐一回答。這種方式通常會由先前的答案，再延伸出下一個問題。

3. 主題詢問法：這是對某個主題或事情，做整體的質問，讓求職者自由廣泛地回答。

4. 選擇回答法：主試者事先做好問題及答案的範圍，由求職者選擇適當的答案，其中包括單選及複選等兩種方式。

（二）強制性的面試

強制性的面試是指，以強勢的態度，透過一連串的問題讓求職者立即地（強制縮短思考時間）回答問題。這種方式類似老師與學生的問答，使主試者所需要的訊息或情報，能從求職者那裡源源地流向主試者。這種類型大多是商業性質，並具有測驗反應與危機處理能力相關職位的面試，例如：人事主管、推銷員、輔導員、安全人員等招聘的面試。強制性的面試一般會以下列三種方式呈現：

1. 交叉問題法：讓同樣的事情以不同的角度來質問，以捕捉事實的真相與交集點。這種性質的面試，往往應用在複數主試者的交互進行質問。

2. 迴旋問題法：主試者先跳過求職者難以回答或拒答的問題，先轉問其他的問題，等一下會再回到原來的問題。

3. 擴大問題法：這種方式是由問題的點或面逐漸把問題擴大，並持續追問下去，直到獲得滿意的答案為止。

（三）綜合性的面試

綜合性的面試是指，主試者與求職者透過問答，讓訊息相互交流。因此，流動的訊息從求職者傳遞到主試者，隨後又從主試者的新問題回饋到求

職者。從主試者到求職者彼此互相交流，每次交談一個焦點，便能解決某些問題；一般而言，這種性質的面試是很好的方式。綜合性的面試一般會以下列兩種方式呈現：

1. 以「事」為中心議題的面試：通常是以求職者的相關專業為面試議題的核心，從面試中逐步深入了解求職者的專業能力。

2. 以「人」為中心議題的面試：通常是以求職者為問題的核心，從面試中更深入的了解當事者。

三、面試的方式

除了上述以面試的性質分類，同時也可以根據面試進行的方式，來區分不同的面試形態。按照進行面試的方式，可以把面試分為下列五種：個人面試、集中面試、測驗面試、組合式面試，以及分段式面試。

（一）個人面試

個人面試是指，由主試者個別接見應徵者。這是一種最普遍的面試方式，雖然有些組織也會同時採用其他的方式，例如：筆試，但最終仍要以個人面試做最後決定。個人面試的優點，是比較能夠提供一個面對面的機會，讓雙方較深入了解，彼此可以直接就細節及個人的問題交換意見。個人面試分為兩類：

1. 一對一面試：面試時只有一個主試者負責整個過程。這種面試大多在較小規模的組織，或徵聘普通職位的職員時採用；有時求職者多，也會用這種方法來初次篩選，淘汰大部分的求職者，其餘的求職者就用其他方式再次面試。

2. 小組面試：是指由幾個人組成的面試小組與求職者個別會談。這也是常用的面試方式。

（二）集中面試

　　集中面試是指，將多位求職者集中起來，一起同時接受面試。通常由於求職者眾多，為了節省時間，可以讓多個求職者共聚一堂，做小組討論，或是集體解決問題，主試者會從旁觀察，按照各人的表現來決定錄取哪一位。此時，求職者會被要求輪流擔任小組領導人，主試者則藉此評審求職者的領導才能；主試者也可能參與討論，但也有些人會不動聲色，並沒有一定的模式。這種面試方式近來愈來愈普遍，原因有下列三個優點：

1. 主試者可以藉由集中面試，節省時間。
2. 可以同時以較公平的機會，比較幾個人的表現。
3. 可以更有效地當場評估應徵者的幾項重要能力，包括：領導能力、合群性、人際關係、洞悉及控制環境的能力。

（三）測驗面試

　　這是一種以測驗技能取向的面試。組織會要求求職者參加技能測驗或考試，或示範做某些事情，例如：角色扮演、速記、電腦操作、體能測驗等。這類面試目前已非常普遍被採用，可能會以獨立舉行的方式作為初選程序，也可能與前述的面試方式一起舉行。

（四）組合式面試

　　組合式的面試是上述三種面試方式的混合體。這是一種更複雜的面試程序，通常是由規模龐大的企業集團及國際公司，在聘請高級經理人員時所採用的方式；其面試的程序可能需要一整天的時間，或者可能需要更長的時間。程序包括面試日的上午，應徵者可能會與該組織的人力資源部職員進行初步的個人面試，隨後由他們帶領參觀整個組織的設備和運作；中午，或許會與該組織的各部門主管午餐，此時可以在輕鬆的氣氛下交換意見；下午，則會請應徵者與該部門主管見面；最後，可能就是跟組織的最高階層負責人

會面。

　　以美國紐約市招聘警察局督察為例，所有申請初步合格者會被安排進入一系列的面試。應徵者會參與多種方式的測試項目，包括：個人面試、小組討論，以及體能測驗、集體解決問題等。所有的項目完成後，面試才結束。組合式面試的組成，實際上包括哪些項目，則視乎行業的性質和職位的高低而定。

（五）分段式面試

　　由於求職者太多時，為了在最短的時間內接見最多的求職者，通常會採用分段式面試。這種面試方式，通常分為初試與複試等兩個部分。初次面試方式，稱為篩選面試。採用篩選面試的目的，是希望藉著初次面試，就能夠選出比較優秀者，再進行複試。在大的組織裡，初試的主試者多由人事部門職員充任，所採取的問題也比較普遍性，以了解求職者的個人背景為主，同時也包括觀察求職者的談吐及應對能力。

　　在初步面試及格後，求職者會被邀請參加第二次面試。這時部門主管多會參與，藉此評估求職者對該工作是否合適，所以討論的問題會較深入。規模較大的公司，甚至會有第三、第四次面試，面試次數的多少，由組織的規模和申請職位的高低而定。由此可知，組合式的面試擁有比較大的彈性空間，可以採用許多不同辦法與項目。

生活故事

分享創業祕訣

　　提到創業，就不能不提到王品集團董事長戴勝益。出身傳統產業「三勝製帽」的二少東，三十九歲時拋棄家當，孑然一身自立門戶。曾經負債上億元、每天跑銀行三點半，到如今掌舵台灣最大的連鎖餐飲龍頭。在他看來，這些經歷就和失戀一樣，不經一事、不長一智，就算失敗也彌足珍貴。他鼓

勵年輕人創業，但並不代表可以躁進、魯莽。戴勝益分享「創業心法」的第一條，居然是「先去跟朋友借五百萬！」以下分享幾則戴董事長的小故事。

《想創業？先借五百萬！》

　　我建議每個想創業的人先去借五百萬，而且這五百萬不能拿房屋向銀行貸款、不能跟爸媽拿，你要憑本事向朋友、同事借錢。如果在沒有抵押品的情況下還能湊齊，創業八成會成功，因為這代表很多人看好你，願意支持你。如果連個五十萬都借不到還想創業，等於眼睜睜把錢丟到大海裡。湊齊五百萬之後，去打聽哪一個加盟總部最好，這可能要花上一年時間，但找對加盟品牌可以幫助你少走很多冤枉路。

　　選定品牌後，要每天持續問自己：為了工作得起個大早、放棄休假，願意嗎？如果這些你都願意，就把本店做好後開第二家、第三家，當有管理七、八家加盟店的能力時，你大概就可以創業了。千萬別一想到要創業，就隨便把父母的公司拿去抵押，然後一次投入幾百萬，沒有以上兩個「試水溫」的步驟，冒然創業絕對會血本無歸。

《花十年，累積超過四千個好感》

　　現代人有「三不」：遇到問題雙手一攤說「我不會」、被請教搖頭說「不懂」、他人發生事情時說「不關我事」，很多時候橋樑都搭到家門口了，還把它拆掉，這種消極態度會扼殺很多機會。我過去一直在累積給他人的恩惠，一天幫朋友一次忙，一年就幫了三百六十五次忙，在家族事業中十多年，一共累積了四、五千人對我的好感。他們無以回報，我創業時需要什麼，他們就盡量幫忙，因此我的資源非常多。另外，我也很喜歡交朋友，很多人交朋友喜歡找比自己差的，因為這樣比較有面子，但我認為交朋友應該要找比自己優秀的人，這樣才有學習空間。我創業時除了拿房子抵押借款，還向六十六個朋友借了八千萬，這遠遠超出了一般上班族能有的人脈，而這就是長久以來的累積。

《不要剝奪員工的人生記憶，這樣太殘忍》

　　我們每個人在一年中至少會有十二次記憶點，像母姊會、子女畢業典禮、好友結婚等。許多老闆認為，員工要犧牲所有個人的時間來工作才叫敬業，但剝奪員工人生中的「記憶點」是很殘酷的事情。我媽媽以八十多歲高齡過世，當時我足足有十天沒進公司。其實媽媽活到八十多歲，我們也對她一直很好，只是媽媽過世後三天就進公司開會，這一定會帶給同仁壓力，意思是：「你家不管是出了什麼事情都要以公司為重」，這樣就不「貼心」了，反而會加速同仁的職業倦怠。

《鼓勵年輕人創業，就像一定要失戀一樣》

　　我非常鼓勵年輕人創業，經過創業的磨練你會變得謙虛、懂得彎腰，就像人一定要失戀過，下回遇到好男人、好女人，才會懂得珍惜。

　　我可以用一句話形容三十九歲以前的人生：「游手好閒，無所事事，不知老之將至云爾」。在家族企業「三勝製帽」當二少東，保障多、福利好，但我待得很痛苦，眼看爸爸、哥哥都做得那麼好，我無法接手，只有一年一年在變老。有時候很恨，為什麼我不是個一無所有的人呢？不然早就出來創業了。當時想到自己即將邁入四十大關，還是早點出來闖蕩，失敗了才不會這麼悲壯。

《不要輕易被激怒，也不要輕易被感動》

　　我喜歡打破常規，顛覆既往的說法。但除了叛逆基因，我同時有很務實的態度，知道一件事情應該怎麼做，對自己和周遭的人才公平。我們家族是做製造業出身，為了趕交貨可能三天三夜不用睡覺，這打下了我務實態度的基礎，同時我也從媽媽身上學到「淺性誤事」的道理。她做人很厚道，絕不會被激怒，易怒的人容易被利用，旁人只要反其道而行就能誘導你的行為；同理可證，輕易被感動也可能做出不理性的事。但在這兩項前提下，還是要保持熱誠和浪漫的心，才能過有血、有淚、有滋味的人生。

第二節　肯定自己的才能

　　本節要討論三項主要的議題：一、認識自己的才能；二、正視自己的才能；三、文憑主義的迷思。

　　一個人要在職能發展的路上獲得成就，首先除了要求得適合自己的工作之外，其次就是需要認識自己的才能，並適當地展現自己的能力，才能夠繼續發展職業生涯，否則可能會半途而廢，甚至功敗垂成。

一、認識自己的才能

　　正確評估自己就可以在就業發展的路上，充分發揮才能，並且輝煌騰達。以下提供一則故事以供參考：職業生涯如賣菜。

　　劉麗美原本上班的那家公司倒閉半年了，她依然沒有找到工作。不是沒有公司願意錄用她，而是她在原來那家公司的月薪為二萬元，她發誓一定要找一份月薪不低於二萬元的工作。父親得知她的想法，要她跟他一起去賣菜。父親所賣的青菜，其價錢和別人大多是一樣的，但唯有花椰菜，人家賣二十元一斤，父親非賣二十五元一斤不可。父親說自己的花椰菜是全菜市場最好的，可是好幾個人來問過價錢後都嫌貴而不買。劉麗美有點著急了，對父親說：「我們也降為二十元一斤吧。」父親不同意，堅持道：「我們的花椰菜是整個菜市場裡最好的，不會沒有人買。」

　　後來有個人來問價錢，他非常喜歡劉麗美家的花椰菜，但就是嫌貴。他經過一番盤算之後，最後說：「二十二元一斤，我全部買進。」可是父親仍然一分錢也不讓。時間一分一秒過去了，市場內的菜價也在慢慢下跌。許多菜農的花椰菜大都賣完了，沒有賣完的多是挑剩下的，且已降到十五元、十三元一斤，但父親卻只願意降價到十八元一斤。劉麗美急了，建議父親也賣十五元一斤，但父親仍不同意，他十分堅持說自家的花椰菜是最好的。

中午過後，不能隔夜賣的花椰菜已被降價到了十元一斤。黃昏時分，有的人乾脆開始賣十元一堆，而劉麗美家的花椰菜經過一天的日曬已經毫無優勢可言。但父親仍然堅持不降價。天快黑時，一個中年婦女過來問：「這堆花椰菜十塊賣不賣？」看來不賣就只有拿回家自己吃了，於是父親就賣了。回家的路上，劉麗美埋怨父親太固執，以致於白白浪費機會，反而少賣了好多錢。父親沒有反駁，只是笑了笑，意味深長地說：「我以為早上能以一斤二十五元的價格把花椰菜賣掉，誰知愈等愈不值錢。」

劉麗美深深地被父親的話觸動了，她想：我不就是這樣嗎？於是第二天，她就到一家公司上班了，一個月一萬八千元。我們常常說的不能眼高手低，就是這個意思：不能將自己定位大過於本身實際所處的位置，若對本來屬於自己的位置不屑一顧，只會換來不斷的碰壁。尤其在自己處於低潮的時候，更應該正確認識自己所處的環境，正確評估自己，然後才能一步一腳印地往上攀登。

二、正視自己的才能

在邁向職能發展的道路上，許多人會畫地自限，因而限制了本身的潛力開發，甚為可惜。以下有一個非常有趣的相關故事。

許多年前，重量級拳王吉姆在例行訓練途中，看見一個老漁夫正將魚一條條地從魚網中往上拉，但吉姆注意到，那漁夫總是將大魚放回去，只留下小魚。吉姆好奇地上前問那個漁夫為什麼只留下小魚，放回大魚。漁夫答道：「年輕人啊！我也不願意這麼做，但我實在別無選擇，因為我只有一個小鍋子。」

許多時候當我們想到一個大的目標時，往往會告訴自己：「天啊！可別來個這麼大的！我只有一個小鍋子而已！」我們更常常自我安慰道：「更何況如果是一個好主意，他人早該想到了，怎麼可能輪到我？就請給我一個小的吧！不要逼我走出舒適的小圈子，不要逼我汗流滿面。」

成功學家安東尼‧羅賓（Anthony Robbins, 1960-）指出：在我們每個人

的生命中，都會面臨許多害怕做不到的時刻，因而畫地自限，結果這個想法使我們無限的潛能只化為有限的成就。下面的例子《兩個推銷員的故事》，是關於這個道理的典型故事。

話說有兩個人，某甲一個人一年到頭挨家挨戶推銷產品，最後賺了兩萬元；某乙一個人花了一年時間設計並發動了一次技術改革，此一舉動使公司獲利兩千萬元。他們兩個人所花的時間相等，可是某甲總是擔心銀行的貸款，某乙很快就得到晉升，同時拿到一筆數目很多的獎金。

究其原因，是兩個人的努力程度不同。某甲盲目地工作，他很勤奮主動，也完成了自己的工作任務，滿足了上司的要求，他在工作上保證了他的後半生：他只是在「消磨時光」。某乙則是在「使用時間」，他在一年中的工作時不僅動手，而且動腦，他把工作既當成任務也當成機遇，也意識到自己有成功的希望並用心去發展。他正確評估自己的能力，集中精力去發展他所做好的一切，也觀察到在僅僅能做與做得十分成功之間沒有多大區別，並決定去彌補這種差異。

當某乙遇到困難時，總是盡力去解決；他尋找支援，力求給予滿足；他發現事業上最有價值的能力，莫過於在多數場合中做出正確決定的能力，所以他就深入研究決策法；他明白不管做任何事情，辦法都不只有一個，他會永遠銘記這一點；他盡力讓他人需要自己，結果他成了他人必不可少的人。

某甲並不缺乏努力與拚搏的精神，但是卻一直陷入困境。如果拚搏意味著咬緊牙關、緊鎖雙眉和刻苦耐勞的話，他並沒有成功，因為他接受了他人給予的工作之局限性；某乙則相反，他挑戰機會，同時也挑戰自己的能力，結果超越極限。同樣的惰性折磨著多數人，對於眼前的任務，他們並沒有遠大的想法。有些人是因為不知如何應用自己具有的能力，有些人儘管雄心勃勃，但對如何發揮這些能力，卻只有一個模糊概念。所以與其說某甲沒有決心，倒不如說是缺乏「想像力」，對於採取哪些步驟更使他感到迷惑，結果是，他們常常對自己、對他人、對「制度」滿腹牢騷，不知道要如何運用與發揮自己的潛能，又因為不知如何消除此一障礙而灰心喪氣。

成功者總是在重複著兒童讀物《能幹的小引擎》（*The Little Engine That Could*）中的主題：「我想我能，我想我能。」人們常常在自己生活的周圍築起界線，他們就生活在他人強加給他們的範圍裡。這些局限通常是家人或朋友強加的，而有些則是自己給自己加的，例如：他們與兄弟姐妹一起成長，他們的頭腦中可能已經留下哥哥或姐姐的陰影，他們穿的是現成的舊衣；又如：也許他們的父母常常開口罵人，或者漠不關心，或者一生忙碌，無暇給予他們每個孩子所需要的慈愛、關心和鼓勵。結果，致使他們缺乏自信心，難以表達自己，也難以發揮自己的潛能。

對此，安東尼・羅賓指出，我們當中有很多人會給自己一個框框：我們在一生中不會超過自己的父母，我們反應遲鈍，我們缺乏他人擁有的潛能和精力；那麼無疑的，我們就得承認我們無法達成任何目標。我們可能一直認為自己現在的一切都是命中注定的，現實的一切都無法超越，但不管自己持有此觀點的時間多長，其實都是錯的，因為我們絕對可以透過改變自己的態度和習慣，來改變自己的生活。許多人應比現在的自己更為成功，但因為在生活中失去很多機會，因為安於現狀，致使能取得的一切少得多。

首先我們必須意識到這一點，我們必須看見那個可能的自己。安東尼・羅賓常常談起以下這個故事：

有個乞丐每天都在街道旁坐著，他的對面是個藝術家的畫室。有一天，藝術家從窗口給乞丐畫了一幅肖像，並叫他去看這幅畫。剛開始，乞丐沒認出那是他自己。接著，他慢慢認出來了，他半信半疑地問：「那是我？那可能是我嗎？」

「那是我所見到的那個人。」藝術家答道。

乞丐盯著畫，看了好一會，然後說：「如果那是你見到的人，那麼他就會是我。」

想光靠呼口號，就想保證我們能比現在好得多，這是辦不到的。有不少故事描寫人們如何發揮自己的潛能，經由行動與實踐，最後他們才踏上了平

坦的大道。

三、文憑主義的迷思

近年來，如何培育頂尖人才是學界和產業界關注的重點。廣達董事長林百里和台灣大學醫學院院長楊泮池都認同，要打破文憑主義才能真正培養優秀人才。林百里更強調，「創新」是要被啟發，不是用「教」的，光靠在單一科系、單一學院上課，根本不可能學會，而必須多元學習才能激發創意。

林百里指出，微軟創辦人比爾·蓋茲（Bill Gates）和蘋果創辦人史蒂夫·賈伯斯（Steve Jobs）都沒有大學學歷，但卻是世界上頂尖的創新人才，尤其是比爾·蓋茲選擇休學放棄大學學歷，這在亞洲根本不可能發生。「他們都不是為了學位去學校讀書，而是想要學習，看到機會，就去發展事業，而獲得成功。」現在科技日新月異，不可能只從課堂中就學會創新能力，必須透過各種方式不斷學習，才能啟發「創新」。楊泮池表示，高學位不等於頂尖人才，育才應更重視能力而非學位，文憑並非最重要的，他也呼籲，如果不打破文憑至上的框架，培養的人才很容易落入追求文憑的陷阱。

生活故事

珍惜所擁有的

台灣大學校園內的獨立媒體「台大意識報」在 2012 年 12 月 9 日刊出了一篇「泡菜與番薯，Life is good？」，訪談首爾大學中文系大三的交換學生金俊植來台半年的心得，引起臉書的熱烈轉載。金俊植提出對台灣的評價，認為在台灣任何想法、任何身分、任何一種穿著都可以被接受，這樣的好環境令人羨慕；但他也批評，台灣根本沒有真正的韓國專家，都不夠深入也不夠批判。他在訪談中指出，雖然台灣有統獨問題，但這樣的討論很令人羨慕，每個人都有自己關於「到底國家是什麼？」的想法，因為在韓國，目標很明確，沒有辦法挑戰。

　　金俊植說，其實每次看到台灣的主流媒體提到韓國，說什麼韓國簽FTA競爭力太強、台灣企業要緊張、台灣人要團結等，都覺得很荒謬。台灣的媒體關於韓國的報導都不提負面因素，例如：韓國人達成經濟成長之後，失去了什麼？沒有人告訴你。但在韓國就可以很明顯看到，達成競爭力之後，人民並不幸福。韓國人的心態是「人民是為了國家存在的。」我們非常犧牲自己，被大企業剝削、被國家剝削。像他當兵兩年，一小時才領新台幣兩塊錢，沒有人覺得不對，這完全是為了國家。但台灣反了過來，好像太分裂了，自己才是最重要的，而國家不知道在哪裡。

　　金俊植舉例說，在台灣，所有的一切都可以被懷疑，但韓國卻不是這樣，在韓國沒有同志，「我就沒有任何一個同志朋友」；又或許有，但卻不敢告訴大家。在韓國，他們的習慣是穿西裝上課，大家都穿的一模一樣；而他第一天到台灣大學上課，當他穿西裝走進教室轉頭一看，不僅沒人穿西裝，還有人穿拖鞋，讓同學都以為他才是老師。

　　金俊植更談到反媒體壟斷與反核，他指出，韓國過度依賴大企業，依賴度高達40%，根本來不及轉型，就像是台灣可以趁著核能發電只占總發電量16%的時候反核電，但韓國根本沒人會提出；台灣也有學生反媒體壟斷，雖然台灣的媒體有部分很荒謬，但至少有多元不同的聲音。

　　金俊植直言：「我好羨慕台灣。」韓國的年輕人只能想辦法畢業後擠進大企業，只要有人站出來反企業壟斷，肯定會被列入企業黑名單，絕對進不去大企業工作，而台灣能反對各種事，其中反旺中就是最好的例子，「在韓國，我們沒有選擇，真的沒有選擇。」金俊植還指出，台灣介紹韓國都只說好的方面，告訴台灣人要愛國，要愛用國貨，但台灣若轉型成韓國那樣的模式，人民肯定會不快樂。

第三節　正確的職業選擇

本節要討論三項主要的議題：一、配合本身優點；二、考慮自己的能力；三、勇敢面對改變。

一、配合本身優點

青年人在未就業前，常常設想自己未來的職業，但大多帶有理想色彩，往往不切實際。為了使自己能實現理想，同時又滿足社會需要，在選擇職業時應考慮個人的優點、環境因素，並且要勇於面對改變。

（一）符合興趣特點

興趣會影響一個人活動的積極性。當一個人對自己的職業感興趣時，才能使自己的心理活動處於活力狀態，全心地投入工作，最大限度地啟用潛力，並體驗到工作的樂趣。在職業興趣上，人們存在著很大的差別，有人喜歡從事室內工作，有人喜歡從事戶外或野外工作；有人喜歡文科，有人喜歡理科；有人喜歡與人打交道，有人喜歡與機器打交道；有人希望管理他人，有人則喜歡自由發展。

了解一個人職業興趣的途徑之一，可採用職業興趣測驗。透過統計分析，可以得出一個人在各種職業中所表現出的能量與偏愛，例如：透過霍蘭德（John Lewis Holland, 1919-2008）的《關於教育與就業的自我指導》（*The Self Directed Search*，簡稱 SDS）一書中的介紹，將人劃分為六種類型，即現實型、藝術型、探索型、社會型、事業型，以及傳統型：

1. 現實型的人：在自我表達和向他人表達情感方面有困難，喜歡戶外活動，喜歡使用工具；寧願與機械打交道，而不願與人打交道；熱衷於透過自己的雙手創造新事物。他們喜歡的職業包括：機械製造、建築、野

外工作、工程安裝等。

2. 藝術型的人：喜歡許多具有自我表現的藝術環境，對高度規範化和程式化的任務不感興趣。他們往往情緒變化大、敏感、好表現。喜歡的職業包括：藝術家、畫家、作家、作曲家、歌唱家、演員、音樂家等。

3. 探索型的人：對周圍的人不感興趣，對科學研究和科學探索有極大的熱情，喜歡對疑難挑戰，傾向於懷疑和創新。適合的職業有：生物學、社會科學、實驗研究工作等。

4. 社會型的人：社會適應力強，喜歡與人相處，關心社會問題，渴望從事教師、顧問等職業。

5. 事業型的人：善於辭令、自信、熱情洋溢、富於冒險精神。喜歡的工作包括：推銷員、政治家、經理等。

6. 傳統型的人：喜歡從事高度有秩序化的工作，習慣服從，不習慣做決策。適合的職業有：圖書管理員、會計、稅務員、統計員、銀行出納員等。

（二）符合能力特點

在考慮職業選擇時，能力傾向是最重要的因素。由於每個人有不同的專業能力，一個人在某一職業領域上如果遇到了困境，他完全有可能在另一領域中獲得很大的成功。有些人的空間推理能力強，有些人具備天生的語言能力，尤其是外語能力，此外還有運算能力、機械結構理解、抽象推理等能力的差別。而每種職業都有一些特殊的能力要求，例如：教師除了要有學術水準，還要有良好的語言表達能力、課堂組織能力、協調人際關係的能力等，從事音樂、體育、繪畫等特殊職業，則需要這些方面的特殊能力；從事工程設計的工作則需要有較強的空間關係想像力；從事文書助理工作則需要有較高的知覺速度和手指的靈活性等。

同樣的，若想了解自己的能力特點，也可以透過一些職業興趣測驗（Occupational Interest Inventory），或是針對專門職業的專門職業能力測驗，例

如：飛行員素質測驗、行政職業能力測驗、教師能力測驗、醫生能力測驗、文書助理測驗等。

（三）符合個性特點

在職業選擇和專業定位的過程中，個人的性格特點也是需要考慮的一個重要因素。如果一個人性格內向、不善言辭，就應避免從事公關、推銷等類型的工作；如果一個人性情急躁、愛動，就要避免從事醫務護理、證券營業員等職業。符合個性特點的人事安排，可以帶來工作上的高效率。

卡特爾（Raymond Bernard Cattell, 1905-1998）的「十六種個性因素問卷」（The Sixteen Personality Factor Questionnaire，簡稱 16PF Questionnaire）是常用來測量個性的一種測驗，適用於國中以上學生及成年人，可測量以下十六種人格特質：合群性（A）、聰慧性（B）、穩定性（C）、恃強性（E）、興奮性（F）、有恆性（G）、敢為性（H）、敏感性（I）、懷疑性（L）、幻想性（M）、世故性（N）、憂慮性（O）、實驗性（Q1）、獨立性（Q2）、自律性（Q3）、緊張性（Q4）。例如：因素 C（穩定性）高分者，其情緒穩定、成熟，能夠面對現實，在團體中較受尊重，容易與人合作，多傾向於從事技術性工作、管理性工作、飛行員、護士、研究人員等；而因素C低分者，其情緒不穩定、幼稚、意氣用事，多傾向於從事會計、辦事員、售貨員、農工等。因素 I（敏感性）高分者，細心、敏感、依賴、缺乏自信，傾向於從事美術、編輯、行政人員等職業；而因素I低分者，粗心、自立、現實，遇事果斷，傾向於從事工程師、警察、銷售經理等職業。

測量個性的問卷頗多，例如：「艾德華個人偏好量表」（Edwards Personal Preference Schedule，簡稱 EPPS）、「艾理克森個性問卷」（Eysenck Personality Questionnaire，簡稱EPQ）、「柯塞人格氣質量表」（The Keirsey Temperament Sorter）等。

二、考慮自己的能力

在正確選擇職業的過程中，除了參照自己的優點之外，還需要考慮自己難以改變的缺點或弱點，例如：生理與心理狀況、教育訓練與經驗等。俗話說：「人貴有自知之明」，這句話的意思是說了解和認識自我不易，因為自我意識的形成和發展是一個漫長且複雜的過程。直到進了國中，甚至到了大學才開始會認真地審視和思考自我，力圖用自己的眼光對自我的各個方面做出評價。一般認為，只有當一個人離開學校進入社會，透過工作和生活實踐的進一步磨練和考驗，個人的自我意識才會漸漸趨於成熟。

「人貴有自知之明」這句話應該還有另一層意思，即了解和認識自我的價值很大。因為自我意識會滲透在一個人行動的各個環節，決定其對各種事件所持的態度，特別是在選擇進入就業時，此時一個人在評價自我與外部工作環境關係時，會把自己看成是一個積極、向上、有價值和責任感的人，他就會主動地去克服自己身上的弱點，發展自己的能力，培養自己的良好心理素質，努力為他人和社會做更多的事。遺憾的是，有些年輕人由於沒有形成良好的自我意識，失去了完善自我的動力，喪失了適應環境的信心，面對環境時做出不恰當的反應。

為了能對自己有一個比較客觀的認識，能夠做出正確的選擇，我們要經常從不同角度，特別是多從客觀的角度觀察自己、了解自己，努力消除主觀評價中與事實不相符的因素。

三、勇敢面對改變

以下是一則選擇勇敢面對改變的故事：蚌和珍珠。

珍子是日本人，她們家世代養殖珍珠，她有一顆珍珠是母親在她離開日本赴美求學時給她的。在她離家前，母親鄭重地把她叫到一旁，並送給她這顆珍珠，告訴她說：「當女工把沙子放進蚌的殼內時，蚌會覺得非常不舒服，但是又無力把沙子吐出去，所以蚌就面臨了兩個選擇：一是抱怨自己的

日子很不好過；另一個是想辦法把這粒沙子同化，使它跟自己和平共處，於是蚌開始把它的營養分一部分去把沙子包起來。當沙子裹上蚌的外衣時，蚌就覺得它是自己的一部分，而不再是異物。沙子裹上的蚌成分愈多，蚌就愈把它當做是自己身體中的一部分，就愈能心平氣和地和沙子相處。」

母親告訴她：「蚌並沒有大腦，它是無脊椎動物，在進化的層次上很低，但是連一個沒有大腦的低等動物都知道要想辦法去適應一個自己無法改變的環境，把一個令自己不愉快的異己，轉變為自己可以忍受的一部分，人的智能怎麼能連蚌都不如呢？」

這則故事告訴我們，當環境改變的時候，我們會感到不安，會感到不舒服，有的人選擇逃避環境，自然地縮回自己的殼，直到環境的改變使其不得不面對；而有的人則會選擇勇敢面對改變，努力的去學習與周圍的環境和平共處，與其到時候痛苦的接受，不如現在就做好準備，盡情地去體會改變的樂趣！就像孕婦的分娩都會有陣痛，但當我們抱著一顆期盼的心去接受新的生命時，我們感受到的將是無限的幸福。勇敢接受改變，享受改變！

美國神學家尼布爾（Reinhold Niebuhr, 1892-1971）的禱文中有一句有名的祈禱詞說：「上帝，請賜給我們胸襟和雅量，讓我們能平心靜氣地去接受不可改變的事情；請賜給我們智能，去改變可以改變的事情；請賜給我們智慧，去區分什麼是可以改變的，什麼是不可以改變的。」

生活故事

紓解情緒壓力

家裡若有人功課不好、失業賦閒時，在情緒壓力之下，家人間很容易引起摩擦、不愉快。專業醫師建議，家庭成員可採取少講多聽、避開痛處的溝通方式，耐心支持當事人走出谷底。屏東市於 2011 年，發生了一起二十七歲黃姓男子刺殺家人的二死一傷悲劇。警方指出，黃嫌失業一年多，沒有家庭暴力及毒品前科，也沒有精神障礙紀錄，只曾在醫院拿過安眠藥。黃嫌向警

方表示，因長期不滿父母管教，國中時就已計畫要殺害父母及兄長。

　　專長兒少精神心理的台安醫院精神科主任許正典指出，黃嫌的行凶動機絕非不滿父母管教或失業賦閒，極可能是與家人溝通互動不良，長期處於心理孤立隔絕狀態，進而埋下殺機，當積怨到達臨界點時，即使是一些小事也會爆發而行凶。許正典認為，對於嚴重情緒困擾的家人，其他的家庭成員除了應多加體諒關心之外，也要觀察當事人有無攻擊傷害行為的蛛絲馬跡，例如：出言恫嚇、行動威脅等，並應及早尋求協助或報警處理。

　　三軍總醫院兒童青少年精神科主任葉啟斌表示，家庭成員不要去刺激當事人最在意的事，也不要拿他人的課業、工作來做比較，最好是少講多聽，把焦點放在其他地方，引導當事人從事運動、才藝等休閒嗜好，紓解壓力。葉啟斌解釋，具有對立叛逆人格特質或挫折忍受度低落的人，若處於嚴重情緒失調之際，一旦被踩到內心的地雷區時，情緒發洩的對象往往是至親長輩，失控飆罵事小，萬一釀成攻擊傷害事件，就會造成無可挽回的憾事。

　　冰凍三尺，非一日之寒。葉啟斌說，家庭成員總要有人先改變態度及行為，才能扭轉家人互動模式。他從臨床經驗歸納，先改變的人往往不是有嚴重情緒壓力的當事人，而是長輩等其他成員，這需要無比的耐心，才能看到成效。

第十章

加強實務演練

第一節　個人履歷

本節要討論三項主要的議題：一、履歷的基本內容；二、好履歷的要義；三、有特色的履歷。

一、履歷的基本內容

任何一個好的組織，他們收到的求職履歷都會堆積如山，或是塞滿電子信箱，但沒有哪個人事主管會逐一仔細閱讀每一封個人履歷，而是用一種 scan 的方式匆匆而過，每一份個人履歷所花費的時間一般都不超過二分鐘。

無法吸引他們注意的個人履歷很可能會被忽略而放棄，永久地沉睡在紙堆裡。因此，「突出個性、與眾不同」便是求職者設計個人履歷成功的法寶。

一般而言，個人履歷的內容都應該包括：個人基本情況、個人履歷、能力和專長（包括：學習經歷、實踐、工作經歷、能力、性格評價）、求職意向、聯繫方式等基本要素。

（一）個人基本情況

基本情況包括：姓名、出生年月日、性別、籍貫、學歷、學位、畢業時間、專業、身高、體重等。一般來說，個人基本情況的介紹愈詳細愈好，但也沒有必要畫蛇添足，一個內容要素用一、兩個關鍵詞簡明扼要地概括說明就夠了。

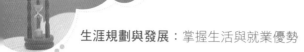

（二）個人履歷

個人履歷主要是個人從高中階段至就業前所獲得的最高學歷之間的經歷，年月應該前後相接。

（三）個人的學習經歷

主要需列出大學階段的主修、輔修與選修科目及成績，尤其是要展現與自己所謀求的職位有關的教育科目、專業知識（如果該組織對大學成績感興趣，可以提供全面的成績單，而不需要在求職個人履歷中針對這些部分過度描述），使自己的學歷、知識結構讓該組織感到與其招聘條件相吻合。

（四）個人的實踐、工作經歷

應特別列出大學階段所擔任的社會工作、職務，或是在各種實習當中擔任的工作。對於有工作經驗的求職者，可列出自己在原先職位上的業績，這也是非常重要的。

（五）個人的能力、性格評價

這個部分的介紹要恰如其分，盡可能使自己的專長、興趣、性格與所謀求的職業特點與要求相吻合。事實上，個人的學習經歷、個人的實踐與工作經歷都同樣在對照個人的能力、性格，因此前後一定要相互呼應。

（六）求職意向

求職意向應簡短清晰，主要是表達自己對哪些職位、行業感興趣，以及其他相關要求。

（七）聯繫方式與備註

求職者應列出所有聯繫方式，包括：手機、地址、電子郵件等。

二、好履歷的要義

以下是好履歷的十大要點。

（一）內容要言簡意賅

有許多求職者認為個人履歷愈長愈好，以為這樣易引起注意，其實反而適得其反，這會淡化了人事主管對主要內容的印象。冗長囉唆的個人履歷不但會讓人覺得在浪費他的時間，並覺得出求職者做事不幹練。另外，負責招聘的工作人員多半工作量大，時間寶貴，不可能花時間在細讀冗長的個人履歷上。言簡意賅、流暢簡要、令人一目了然的個人履歷，到哪裡都是最受歡迎的，也是對求職者的工作能力最直接的展現。所以，個人履歷應在重點突出、內容完整的前提下，盡可能簡明扼要，不要陷入無關緊要的說明，可多用短句，每段只表達一個意思。

（二）強調成功經驗

僅有漂亮的外表而無實質內容的個人履歷，是不會吸引人的，招聘的工作人員想要看到的是實力的證明。履歷要證明以前的成就，包括之前為組織節省了多少錢、多少時間，說明自己有什麼創新等。強調以前的事件，然後一定要寫上結果。記住！別平鋪直敘自己過去的工作內容，一定要提一提自己對以前組織的貢獻；短短一份「成就紀錄」，遠勝於長長的「工作經驗」。

（三）個人履歷內容要真實

寫好個人履歷有一個最基本的要求，就是要確保內容真實。有許多初次求職者，為了能讓該組織對自己有一個好的印象，往往會給自己的個人履歷造假。個人履歷的造假比較典型的有：假文憑、假職務、過分渲染的工作職責，以及更改在職時間等。目前在網路上，有些網站會兜售假文憑，使得這

些造假者們如獲至寶。有些造假比較容易發現，例如：假文憑，但有些人只是在原來事實上進行加工，這就比較難了。無論如何，筆者還是要告誡那些造假者，不要得意得太早，可能短期內不被識破，但很容易就會被揭穿的。

（四）內容應重點突出

由於時間的關係，招聘人員可能只會花短短幾秒鐘的時間來審閱個人履歷，因此個人履歷一定要重點突出。一般而言，對於不同的企業、不同的職位、不同的要求，求職者應事先進行必要的分析，有針對性地設計與準備個人履歷。盲目地將一份標準版本大量複製，效果只會大打折扣。求職者應根據企業和職位的要求，巧妙展現自己的優勢，使人留下鮮明深刻的印象，但注意不能簡單重複，這方面是整份個人履歷的關鍵，也是最能表現個性的地方，應當深思熟慮、不落俗套，寫得精彩、有說服力，而又合乎情理。

（五）要傳遞有效訊息

在寫個人履歷的過程中，作為一名求職者，應該向用人組織傳遞一些有效的訊息，這些訊息包括：

1. 明確自己的奮鬥目標：對自己的前途有長期、明確目標的人，更易為組織賞識和任用；具有積極自我成長概念的人，對工作較積極投入，努力進取，並充滿旺盛的事業心與鬥志，能迅速進入工作狀態。
2. 體現自己強烈的工作意願。
3. 有團隊合作精神：進入組織後，須與主管、同事們配合工作，一個容易與人溝通協調的求職者，可以說已有一半獲勝的希望；如果之前曾有社團活動的豐富經驗，求職者可盡量舉例說明。
4. 掌握誠懇原則：在錄用標準上，才能是首要的第一原則，而誠懇則是重要的輔助因素。面試前準備充分，心情穩定，儀容大方整潔，臨場時充分表現自我，這些便是誠懇的最好表現。

（六）使用有影響力的辭彙

可以使用以下這些詞彙，例如：證明的、分析的、線形的、有創造力的，以及有組織的。這樣可以提高個人履歷的說服力，可在每一段落多用這些辭彙。

（七）詞語使用要準確

許多負責招聘的工作人員都說他們最討厭錯別字，他們說：「當我發現錯別字時，我就會停止閱讀。」因為他們認為，錯別字說明了一個人的素質不夠高。因此，求職者最好不要使用不順口的語句和生僻的字詞，更不要用有語病的句子。外文的使用上，要特別注意不要出現拼寫和文法上的錯誤，一般招聘人員考查求職者的語言能力就是從一份履歷開始的。同時，文章也要注意準確、規範，在大多數情況下，作為實用型文體，句型以簡明的短句為好，文風要平實、沉穩、嚴肅，以敘述、說明為主，動輒引經據典或大放厥辭是不可取的。

（八）要突出自己的技能

列出所有與求職有關的技能，如此較有機會展現學歷和工作經歷以外的天賦與才華。回顧以往取得的成績，將其對自己從中獲得的體會與經驗加以總結、歸納。選擇的標準只有一個，那就是這些經歷能否為求職帶來幫助。另外，也可以附加一些成績與經歷的敘述，但必須牢記，經歷本身並不具說服力，關鍵是經歷中展現的能力。

（九）適當引用專業術語

引用應聘職位所需的主要技能和經驗術語，能使個人履歷突出重點，例如：在應聘辦公室人員時，招聘組織會要求自己熟悉文書處理系統，如Microsoft Word、Excel 等；應聘工程師，需要懂得繪圖和設計軟體。總之，徵才廣告會對不同的職位有相應的具體素質和技能要求，如果符合要求，便

可引用這些專業術語在個人履歷中描述自己的優點。如果徵才廣告未提出具體要求，更要在個人履歷中把優勢具體展現出來。

（十）避免不利因素

在個人履歷中，沒有必要陳述自己為何要離開原來的工作，除非這些是對我們有利的，例如：離開原來的工作，接受具有更大挑戰的工作。如果自己以前有過什麼重大錯誤或者觸犯了法律等，都沒有必要在個人履歷中列出來。但如果自己以前真有這樣的紀錄，筆者建議不要去找那些跟紀錄有關的工作，因為即使隱瞞事實而得到了工作，將來也許會因為被知情而遭到開除。

三、有特色的履歷

以下是五種有特色的個人履歷。

（一）時序型

時序型是最普通也是最直接的個人履歷類型，也就是從最近的經歷開始，逆著時間順序逐條列舉個人資訊。這種個人履歷清晰、簡潔，便於應聘組織人員閱讀。一份按時間順序排列的個人履歷，應包括目的、摘要、經歷和學歷等部分。

按時間順序陳述的個人履歷，一般適用於以下情況：

1. 自己的工作經歷能反映出相關工作技能不斷提高。
2. 之前有一段可靠的工作紀錄，且得到不斷的調動與晉升。
3. 最近所擔任的職務足以展現自己的優勢。

（二）功能型

功能型是一種不太常用，但往往很有效的個人履歷。它強調自己的資歷與能力，並對專長和優勢加以分析和說明。工作技能與專長是功能型個人履歷的核心內容，一份功能型的個人履歷，一般包括目的、成績、能力、工作

經歷以及學歷等幾個部分。我們可以根據自己的實際情況選擇使用功能型個人履歷，它一般適用於：

1. 部分的工作經歷及技能與求職目的無關。

2. 只想突出那些與應聘職務相關的內容。

3. 如自己是一個應屆畢業生、退伍軍人或者正想改行。

4. 過去的工作經歷有中斷，或存在特殊問題。

（三）複合型

複合型的個人履歷是時序型和功能型的結合運用。我們可以按照時間順序列舉個人資訊，同時刻意突出自己的成績與優勢。一份複合型的個人履歷一般包括目的、概況、成績、經歷和學歷等部分，它能最直接地展現自己的求職目的。它一般適用於：

1. 自己是一個應屆畢業生、社會人員，或者正想改行。

2. 曾有過事業的顛峰。

3. 既想突出自己的成就與能力，又想突出自己的個人經歷。

（四）業績型

業績型的個人履歷以突出成績為主，因此一般將「成績」欄直接放在「目的」欄之後。一份業績型的個人履歷一般包括：目的、成績、資歷、技能、工作經歷、學歷等。

（五）目的型

除了上述幾種主要的類型外，個人履歷也可以完全根據求職目的來安排。只要適應於具體情況，目的型的個人履歷可以是上述類型中的任意一種（一般多為複合型）。

目的型的個人履歷一般適用於特定職業的求職，對工作在特定領域的求職者較為有用，例如：教師、電腦工程師、律師等。

以下提出「標準個人履歷樣本」和「畢業生個人履歷樣本」，供讀者參考。

標準個人履歷樣本

一、個人概況：

求職意向：_____

姓　　名：_____　　性　　別：_____

出生日期：_____年_____月_____日

學　　歷：_____　　專　　業：_____

婚姻狀況：_____　　目前薪資：_____

二、聯繫方式：

住宅電話：_____　　公司電話：_____

手　　機：_____　　E-Mail：_____

通訊地址：_____

三、教育背景：

最高學位：_____　　最高學歷學校：_____

專　　業：_____　　時　　間：____年____月____日至____年____月____日

第二學位：_____　　第二學歷學校：_____

專　　業：_____　　時　　間：____年____月____日至____年____月____日

教育情況描述：（此處可註明：所修課程、在學校所參加的社團活動、擔任職務、獲獎情況、發
　　　　　　　表的文章等，請依據個人情況酌情增減）

四、語言能力：

語言一：基本技能：_____　　通過標準測試：_____

語言二：基本技能：_____　　通過標準測試：_____

其　它：_____

五、工作經歷：

_____年_____月_____年_____公司_____部門工作

_____年_____月_____年_____公司_____部門工作

_____年_____月_____年_____公司_____部門工作

（此處應為整篇個人履歷的核心內容，求職者可以著重敘述此項，並根據個人的工作情況不同而重
點說明工作具體內容與經歷，尤其是與求職目標相關的工作經歷，一定要說出最主要、最有說服力
的工作經歷和最具證明性的為公司獲取利潤和相關成績；說明的語氣要堅定、積極、有力，並提出
具體的工作、能力等證明文件；寫工作經驗時，一般是先寫近期的，然後按照年代的順序依次寫出。
最近的工作經驗是很重要的。在每一項工作經歷中先寫工作日期，接著是公司和職務。在這個部分
需要注意的一點是，陳述了個人的資格和能力經歷之後，不要太提及個人的需求、理想等。）

六、個人能力：

（如電腦能力、組織協調能力或其他）

_____

_____

七、個人愛好：

（突出自己的個性、工作態度或他人對自己的評價等）

_____

八、志願服務（社團參與）：

_____年_____月_____年_____月_____機構_____部門

_____年_____月_____年_____月_____機構_____部門

_____年_____月_____年_____月_____機構_____部門

九、其他說明：

（例如獲獎情況等）

_____

畢業生個人履歷樣本

一、個人概況：

求職意向：_____

姓　　名：_____　　性　　別：_____

出生日期：_____年_____月_____日　健康狀況：_____

畢業院校：_____　　專　　業：_____

E-Mail：_____　　手　　機：_____

聯繫電話：_____　　傳　　真：_____

通信地址：_____

二、教育背景：

_____年至_____年_____大學_____專業

（請依個人情況酌情增減）

主修課程：_____

_____（註：如需要詳細成績單，請聯繫我）

論文情況：_____

_____（註：請註明是否已發表）

三、語言能力：

_____

（請註明聽、說、讀、寫能力）

四、電腦相關能力：

_____

（編撰程式、操作應用系統、網路、資料庫等，請依個人情況酌情增減）

五、獲獎情況：

_____ 、 _____ （請依個人情況酌情增減）

六、實習經驗：

_____年_____月－_____年_____月_____機構_____工作

_____年_____月－_____年_____月_____機構_____工作

（請依個人情況酌情增減）

七、工作經歷：

_____年_____月至_____年_____月_____公司_____工作

（請依個人情況酌情增減）

八、個性特點：

_____

（請描述自己的個性、工作態度、自我評價）

（如果還有什麼要寫上去的，請填寫在這裡！）

九、附言：

_____

（請寫出自己的希望或總結此個人履歷的一句話，例如：相信您的信任與我的實力將會為我們帶來共同的成功；或希望我能為貴機構貢獻自己的力量。）

生活故事

上網時間遽增

根據尼爾森（Nielsen）網路調查顯示，美國民眾花在臉書（Facebook）及推特（Twitter）等社交網站的時間愈來愈多，超越了花在電子郵件、閱讀網路新聞及瀏覽入口網站的時間。尼爾森於 2010 年 6 月進行的調查顯示，目前美國網友花 23%的上網時間在社交網站，比去年同期增加了七個百分點。這是尼爾森進行調查以來，成長最快速的單一項目，比電子郵件、瀏覽入口網站及網路遊戲的成長速度都來得快。

網友花在網路遊戲的時間占 10%，名列第二，取代了原來居次的電子郵件。網友現在花在電子郵件的時間只占 8.3%。調查指出，網路遊戲成長快速，主要是拜類似「開心農場」的網路遊戲之賜。瀏覽入口網站的時間現在只占 4.4%。網上觀賞影片的時間只占 3.9%。儘管網友上谷歌（Google）網站搜尋資料，在次數上仍占第一，但在所花的時間上，仍不敵臉書。

第二節　求職面試問題

本節要討論三項主要的議題：一、一定會問的問題；二、難度較高的問題；三、給應屆畢業生的建議。

一、一定會問的問題

以下是在求職面試時經常被提問的問題，共十四項：

1. 我們為什麼要聘用你？

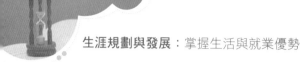

2. 為什麼你想到這裡來工作？

3. 這個職位最吸引你的是什麼？

4. 你是否喜歡你老闆的職位？

5. 你是否願意去公司派你去的那個地方？

6. 誰曾經給你最大的影響？

7. 你會在這家公司做多久？

8. 什麼是你最大的成就？

9. 你能提供一些參考證明嗎？

10. 從現在開始算，未來的五年，你想自己成為什麼樣子？或者：告訴我你事業的目標。

11. 你有和這份工作相關的訓練或經驗嗎？

12. 導致你成功的因素是什麼？

13. 你最低的薪資要求是多少？

14. 你還有什麼問題嗎？

答案參考：

1. 給一個簡短、有禮貌的回答：「我能做好我要做的事情」、「我相信自己，我想得到這份工作」。（測試你的沉靜與自信）

2. 因為在面試之前已進行了充分準備，在了解這家公司的情況下，挑選幾個原因，最好是簡短而切合實際的說法。（這應該是你喜愛的題目）

3. 回答時應該使面試者確認自己具備公司要求的素質。（這是一個表現你對這個公司、這份工作看法的機會）

4. 回答當然是「YES」，如果不滿意，也可補充：「當我有這個評估能力時」或「有這樣一個空缺時，我願意試試」。

5. 如果回答「NO」，就可能會因此而失掉這份工作，記住：在被僱用後，我們可以和該公司就這個問題再行談判。

6. 選一個名字即可，最好是自己過去的老師等人，再加上簡短幾句說明為

什麼。

7. 回答這樣的問題，該持有一種明確的態度，即：「能做多久、待多久，盡可能長」或「我希望在這裡繼續學習和完善自己」。

8. 可準備一、兩個成功的小故事。

9. 自己該準備好一些相關的列印文件，並附上目前的電話和地址。

10. 回答一定要得體，並根據自己的能力和經歷。

11. 說明要短，舉二、三個最重要的經歷，並要有事實依據。

12. 回答要短，讓面試者自己去探究，比如只說一句話：「我喜歡挑戰性的工作。」

13. 聰明的作法是：不做正面回答。強調自己最感興趣的是這個機遇與挑戰並存的工作，避免討論經濟上的報酬，直到被僱用為止。（這是必不可少的問題，因為你和面試者出於不同考慮都十分關心它）

14. 此時必須回答：「當然有」，然後透過發問，了解更多關於這個公司、這次面試，以及這份工作的訊息。假如此時笑笑說：「沒有」（心裡想著終於結束了，長長吐了口氣），那才是犯了一個大錯誤。這往往會被理解為求職者對該公司、對這份工作沒有太深厚的興趣；其次，若從最實際的考慮出發，難道我們不想聽聽看面試者的回答，推斷一下自己入圍有幾成希望？

以下還有一些供求職者選擇的問題：

1. 為什麼這個職位要公開招聘？

2. 這個公司（這個部門）最大的挑戰是什麼？

3. 公司的長遠目標和戰略計畫，您能否為我介紹一下？

4. 獲得這個職位上的人應有什麼特質？

5. 決定僱用的時間大致要多久？

6. 關於我的資格與能力問題，您還有什麼要問的嗎？

二、難度較高的問題

以下提供十項難度比較高的面試問題及部分答案，供求職面試參考：

1. 你為什麼選擇這所學校（專業）？

2. 你的學位如何？

    (1) 你在「某領域」找一份工作做好了什麼準備？

    (2) 你能成為一個出色的「某職務」員工做好了什麼準備？

    (3) 除了學術方面以外，你還有哪些資歷能使你成功地實現從理論到實務的轉變？

3. 為什麼你是這份工作的最佳人選？

    求職者答案：

    (1) 我做過不少這種職位，我的經驗將幫助我勝任此一職位。

    (2) 我做什麼都很出色。

    (3) 透過我們之間的交流，我覺得這裡是一個很好的工作地點。

    (4) 你們需要可以生產出「效益」的人，而我的背景和經驗……

    解析：

    (1) 錯誤。經驗是好的，但「很多相同職位」也許更會讓人覺得你並不能保證有很好的表現。

    (2) 錯誤。很自信的回答，但是過於傲慢。對於這種問題，合適的案例和謙虛更為重要。

    (3) 錯誤。這對僱主來說是一個很好的恭維，但是太過於以自我為中心了，且答非所問，此時應該指出你能為僱主提供什麼。

    (4) 最佳答案。回答問題並提供案例說明，這是最好的策略。

4. 如果你被問到一個判斷性問題，例如：你有沒有創造性？你能不能在壓力下工作？最好的答案是什麼？

    求職者答案：

    (1) 回答「是」或「否」。

(2) 回答「是」或「否」，並舉出一個具體的例子。

(3) 回答「是」或「否」，並做進一步的解釋。

解析：

(1) 錯誤。沒有支持的答案總是顯得不可信。即使是這種只需要回答「是」或「否」的問題，也需要具體的解釋。

(2) 最佳答案。一個簡短的具體案例可以支持你的答案，同時也能表明你的自信和真誠。

(3) 錯誤。具體案例可以更簡單有力地說明你的能力。在解釋的時候，人們往往會弄錯題目，含混不清。同時，最好不要用「應徵指南」之類的標準套話，那會讓你像個職業求職者。

5. 描述一下你自己。

求職者答案：

(1) 列舉自己的個人經歷，業餘興趣、愛好等。

(2) 大肆宣揚一下自己良好的品德和工作習慣。

(3) 列舉三個自己的性格與成就的具體案例。

解析：

(1) 錯誤。一般而言，面試者更想透過這個問題了解你的習慣和行為方式。個人的詳細資料對他們來說，並不具任何意義。

(2) 錯誤。自大並不能讓你從競爭中脫穎而出。回答完問題以後，你必須得到面試者的信任並讓他記住你，這樣的宣揚並不成功。

(3) 最佳答案。案例是你能力最好的證據，一個清晰簡明有力的案例能讓你從人群中脫穎而出，給面試者留下好印象。因此，在面試以前最好考慮一下這份工作需要自己什麼樣的能力與經驗，並做好準備。

6. 你希望在這個職位中找到什麼？

求職者答案：

(1) 我想找到一個好機會，使我可以運用自己的知識為公司發展做出貢獻，同時也能為自己創造進一步的提升機會。

(2) 我想找到一個可以認同我的努力和工作成果的公司。

(3) 我想找到一個可以提供給我足夠薪水的公司。我的工作很努力，值得給我那麼多錢。

解析：

(1) 找機會是新鮮人的優先考慮。

(2) 有工作經驗者尋找認同。

(3) 錯誤。會被認為是態度消極者。

7. 你對我們公司都知道些什麼？

求職者答案：

(1) 我事先看過一些貴公司的介紹，就我所知貴公司……

(2) 我看過和聽過關於貴公司的一切，都吸引著我想加入這個團隊。我知道這個領域是……，你們的客戶是……。我最感興趣的還有你們是……

(3) 關於你們公司，我知道很多，我喜歡在你們公司工作。

解析：

(1) 可以。重點包括公司形象、團隊合作及社會貢獻。注意別過度誇張。

(2) 很好。點到為止，留給對方有提問的空間。

(3) 錯誤。過於簡單。

8. 你有什麼弱點？

求職者答案：

(1) 我的前同事們在什麼事都抱怨的時候，我總是很有挫折感。

(2) 我不大看重個人名譽。對我來說，只要把事情做好，我不在乎誰得到名聲。

(3)我不覺得自己有弱點。

解析：

(1) 最高招。借他人的口指出自己缺點中的優點──樂意助人。

(2) 不可直接如此回答。反應擇善固執的個性則可以用之。

(3) 錯誤。世上無完美無缺的人。

9. 你的短期目標是什麼？

求職者答案：

(1) 短期內我只想得到一份工作。

(2) 已經有很多欠債，所以短期內我想找到一份工作，然後盡我應有的責任。

(3) 短期內我想找到一份適合自己的工作，對貴單位做出自己的貢獻。今天我們談的這份工作看起來是一個好機會，您能告訴我這份工作更詳細的情況嗎？

解析：

(1) 不夠。必須說明理由，例如：理想、適應、學以致用等。

(2) 不妥。不僅僅為金錢而工作，缺乏抱負。

(3) 很好。提出問題反應自己在意這份工作。

10. 請談談你對本公司的一些看法和意見。

解析：

有的求職者談不出什麼感想，或只講該公司的好話；而有的求職者，則能對該公司不足之處提出意見，並提出改進的建議，例如：如何加強安全防範措施等；很顯然的，後一種求職者更關心公司的發展，具有較強的事業心和責任感，因而受到公司的歡迎。

三、給應屆畢業生的建議

以下提供二十四項給應屆畢業生求職或者第一次求職者的建議：

1. 「我們為什麼要聘請你呢？」有的面試就只有這麼一個問題。

2. 「你認為自己最大的弱點是什麼？」絕對不要自作聰明地回答：「我最大的缺點是過於追求完美。」有的人以為這樣的答案會顯得自己比較出色，但事實上他已經在淘汰邊緣了。

3. 「你最喜歡的大學課程是什麼？為什麼？」請說明和應聘的職位相關的

課程，表現一下自己的熱誠沒有什麼壞處。

4. 「你最不喜歡的大學課程是什麼？為什麼？」可以這樣回答：「我不得不說是我們大學的主修課程，雖然我知道這個課程很重要，但課堂上死氣沉沉，老師和學生都只不過想趕快度過這個學期。」

5. 「你在大學期間最喜歡的老師是誰？」可以告知面試者，教我們某個課程的教授能使課堂充滿生氣，且透過實例讓學生把知識和現實緊密結合，而不是只會照著書本唸。

6. 「你能為我們公司帶來什麼呢？」假如可以的話，試著告訴他們能夠減低他們的費用，例如：「我已經接受過 Microsoft Access、Word 和 Power Point 的培訓，立刻就可以上班工作，因此公司就可以節省這些培訓費用。」

7. 「最能概括你自己的三個詞是什麼？」可以使用的三個詞是適應能力強、有責任心和做事有始有終。也可以結合具體實例向面試者解釋，使他們覺得自己具有發展潛力。

8. 「你為什麼來應徵這份工作？」可以回答說：「我來應徵是因為我相信自己能為貴公司做出貢獻。我在這個領域的經驗很少有人比得上，而且我的適應能力使我確信我能把工作帶上一個新的階段。」

9. 「你對加班有什麼看法？」盡量誠實，如果說「是」，而實際上卻不想，那麼將來可能會被人一直盯住。

10. 「對我們公司有什麼認識？」試著說幾件自己知道的事，其中至少有一樣是銷售金額為多少之類的事。

11. 「你是怎麼知道我們在招聘這個職位的呢？」如果是從公司內部的某人處打聽到的消息，記得提及他的名字。公司常說不偏袒內部關係，但不代表它不存在。

12. 「除了工資外，還有什麼福利最吸引你？」請盡可能誠實，如果做足了功課，就知道他們會提供什麼回答。盡可能和他們提供的相匹配，如果覺得自己該得到更多，也可以多要一點。

13. 「你參加過什麼業餘活動？」最好是讓人覺得自己處事很有方法，那麼最好強調一下那些需要群體合作和領導才能的活動。

14. 「你參加過義工活動嗎？」現在就著手做一些義工活動，不僅僅是那些對社會有貢獻的，最好是僱主會在意的。如果他們還沒有一個這樣的員工，那麼我們就會成為很好的公關資源。

15. 「你心目中的英雄是誰？」最好的答案是自己的朋友或者家人，盡量避免提及名人。

16. 「你有什麼問題嗎？」這一題一定要準備充分。

17. 「你為什麼還沒找到合適的職位呢？」別怕告訴他們其他可能會有的聘任，但千萬不要說上一次弄得一塌糊塗的面試或說這是第一次面試。

18. 「你最近看過的電影或者小說是什麼？」雖然熱門院線電影播放的是還不錯的電影，但儘量找一些老少咸宜的電影，會比較可以聊得起來。

19. 「你的業餘愛好是什麼？」可找一些富於團體合作精神的愛好。以下是一個因這一題而不被錄用的真實故事：因為求職者在面試時表示其愛好是深海潛水，面試者認為這是一項單人活動，因而不敢肯定其能否適應團體工作。

20. 「你如何看待自己的主管比你年輕或是異性？」求職者可以這樣回答：「我從不根據年齡或性別劃分，只要他們是憑藉自己能力到達該職務的，那絕對沒有問題。」

21. 「有想過創業嗎？」這個問題可以顯示我們的衝勁，但如果回答「有」的話，千萬小心下一個問題可能就是：「那麼為什麼你不這樣做呢？」

22. 「請試著賣這張桌子給我。」在應徵銷售或者市場之類的職務，常會碰到這類問題。

23. 「請就求職者的立場，幫我打個分數吧。」可試著列出四個優點和一個非常小的缺點，也可以抱怨一下公司沒有明確責任的缺點，這通常是不會有人介意的。

24. 「告訴我三件關於我們公司的事情。」在面試前，應該要知道十件和該

公司有關的事情，他問你三件、你回答四件，他問你四件、你可以回答五件。

生活故事

五塊錢的堅持

在美國的海關裡，有一批被沒收的腳踏車，在公告後決定拍賣。拍賣會中，每次叫價的時候，總有一個十歲出頭的男孩喊價，他總是以五塊錢開始出價，然後眼睜睜地看著腳踏車被別人用三十、四十元買去。拍賣暫停休息時，拍賣員問那小男孩，為什麼不出較高的價錢來買。男孩說，他只有五塊錢。

拍賣會又開始了，那男孩還是給每輛腳踏車相同的價格，然後被他人用較高的價格買去。後來，聚集的觀眾開始注意到那個總是首先出價的男孩，他們也開始察覺到會有什麼結果。直到最後一刻，拍賣會要結束了。這時，只剩下一輛最棒的腳踏車，車身光亮如新，有十段變速器、雙向手煞車、速度顯示器和一套夜間電動燈光裝置。拍賣員問：「有誰出價呢？」這時，站在最前面而幾乎已經放棄希望的那個小男孩輕聲地再說一次：「五塊錢。」拍賣員停止唱價，只是停下來站在那裡。

這時，所有在場的人全部盯住這位小男孩，沒有人出聲，沒有人舉手，也沒有人喊價。直到拍賣員唱價三次之後，他大聲說：「這輛腳踏車賣給這位穿短褲白球鞋的小夥子！」此話一出，全場鼓掌。那小男孩拿出握在手中僅有的五塊錢鈔票，買了那輛毫無疑問是世界上最漂亮的腳踏車時，他臉上流露出從未見過的燦爛笑容。

在生活中，我們常常抱著「勝過他人」、「壓過他人」、「超越他人」的競爭心態。這當然是好的，它激勵我們變得更好、更強，但我們是否意識到，有一種信念對於成功而言更加重要，那就是不肯放棄最後一絲希望。生活的比賽往往不能從一開始就見分曉，而是在最後一刻見輸贏，決不放棄的

信念顯得尤為可貴。取勝的願望誰都會有，強者和弱者真正的差別是誰能夠堅持到最後。

第三節　中英文面試技巧

本節要討論三項主要的議題：一、基本面試問題；二、進階面試問題；三、其他面試問題。

在求職時，面試很重要，如果不熟悉該公司文化，或回答的問題無法簡單明瞭、恰到好處，恐怕就會影響「錄取」的機會。求職有專業性與非專業性之分，諸如大學教職或科技研究等都屬於專業性工作，而要應用比較多勞力或普通技術為主的工作，則歸類為非專業性工作。現代化企業對專業性工作的面試比較慎重，所問的問題也較微妙與深入。在回答時，也很講究簡短與技巧，能抓住重點，盡量避免囉唆或拖泥帶水。

以下舉出二十六項面試時常問的「難」題，並依現代企業管理者的一般習慣與想法，加以模擬回答，希望對求職者有所裨益。

一、基本面試問題

以下是五項最常被提到的面試基本問題。

問題 1：　我已看過你的履歷表，現在就請你談談你自己吧！（I have read your resume. Now please tell me something about yourself.）

回答 1：　我認為我自己是位友善、隨和、誠懇和樂觀的人，我喜歡我的家、我的工作和我的嗜好。我覺得我的「電腦」（應徵相關的）技能很適合這個職位。（Well, I think of myself as a friendly, easy-going, sincere and optimistic person, who enjoys family, work and hobbies. I feel my skills in computer sciences are very applicable to this position.）

　或：　我有強烈慾望做好事情；我會把目標訂得很高，同時我也能保持積

極的態度。（I always have strong desire to do a better job. I set high goals for myself, yet I am able to maintain a positive attitude.）

問題 2： 這個工作對你最感興趣的是什麼？（What interests you most about this job?）

回答 2： 貴公司的未來、挑戰、競爭，以及環境使我感到興奮。（I am excited about the future, the challenge, the competitiveness and the environment of your organization.）

或： 我覺得這個工作將會給我帶來很大的挑戰，以及較好的工作環境。
（I think this position will provide me with a big challenge and a better environment to work in.）

問題 3： 你認為自己可以帶給本公司什麼好處呢？你的最大優點是什麼？
（What strengths would you bring to this company? What are your greatest strengths?）

回答 3： 由於我工作努力，能在預定時間內完成幾個計畫。我與同事和諧相處的能力，可促進團隊合作的愉快氣氛。（As a hard worker, I have accomplished several projects on schedule. My ability to work well with my colleagues has contributed to a pleasant atmosphere for teamwork.）

或： 我很認真努力，忠於團隊合作，能達到高品質的服務和產品。我也能帶給公司新的技能和新的觀念。（I am conscientious, hardworking, dedicated to teamwork, that can produce superior service and products. I can bring new skills and ideas to your company.）

問題 4： 你有什麼缺點呢？（What are you weakness?）

回答 4： 我十分認真盡責，對自己要求過高，有時對他人的期望也高。不過，最後大家都為成果而感到滿意。（I am very conscientious and demand too much of myself. Sometimes I may expect too much from others. But in the long run, we are all proud of the results.）

或： 我學到如何使人接受我的意見，同時，在實際作為上要更有耐心。

（I have learned how to sell my ideas and to be more patient with imple-mentation.）（註：表示過去沒有耐心，急著要別人接納意見。）

問題5： 為什麼你對我們公司有興趣呢？（What are you interested in our com-pany?）

　或： 你如何知道我們公司？（What do you know about our company?）

回答5： 我聽到貴公司在「電腦」方面日新月異的改進，對員工的關懷，以及對顧客的高品質服務。我想成為這樣有活力公司的一員。（I have heard of your exciting innovation the computer world; your care for your employees and your out-standing service toward your customers. I want to be a part of such a dynamic company.）

　或： 經我蒐集貴公司的資料後，我覺得工作在這個環境下，一定很愉快。（After searching information about your company. I fell that it will be interesting work in the environment.）（註：對申請工作單位的情況須有所了解，以免被問到時啞口無言。）

二、進階面試問題

以下是十項進階的面試問題。

問題1： 你認為你如何能勝任這份工作呢？（Why do you think you are quali-fied for this job?）

回答1： 依我的教育與經驗，我認為我已具備條件接受這份工作。（With my educational background and experience, I feel I am prepared and quali-fied to accept this job.）（註：要表示十足的自信，但不可自吹自誇。）

　或： 依我的資歷、我的努力態度，以及我的隨和性格，我深信我能為貴公司做出一些貢獻。（With my qualifications, hardworking attitude and easy-going personality, I am confident that I can make some con-tributions to your company.）

問題2： 你對你的上司及同事的看法為何？〔What do you think of previous
（present）boss and colleagues?〕（How do your relationship with
your current boss and your co-workers?）

回答2： 我對我上司的為人處事十分欣賞與尊敬，而我的同事多半是有野
心、創造性和責任感。做為團隊的一份子，我與他們相處得很好。
（I respect and admire my supervisor's ability to handle his staff. Most
of my colleagues are ambitious, creative and responsible. As a team
player, I get along very well with them.）（註：不可批評上司的不
是，因為上司不願自己將來也淪為被批之流。）

問題3： 你為什度要離開目前的工作呢？（Why are you leaving your present
job?）

回答3： 我的職位因公司結構調整而被取消。〔My position was re-organized
（eliminated）.〕

　或： 我擔任目前的工作很久了，我覺得現在是接受新挑戰的時候。（I
have been in my present job for a long tine and I feel it is the time for
new challenge.）（註：工作職位被取消多係經費原因，不是員工的
錯，這與被炒魷魚不同。）

　或： 我想貴公司在我這一行，能給我潛在性的成長。此外，我家人喜歡
住在靠近海邊（或較溫暖的地區）。〔I feel your company will offer
me a chance for potential advancement in my area. Besides, my family
would to be close to the beach（to have a milder weather）.〕〔註：
如果對方知道你離職是與上司相處不睦有關，而提出「質問」時，
那麼你可以說一句：「我在策略上與老闆不同。」（I had a policy
disagreement with my boss.），而不必多加解釋。〕

問題4： 請告訴我，為什麼我要聘用你？（Please tell me why I should hire
you?）

回答4： 我覺得我有資格擔任這份工作，而且在我領域裡的紀錄，可以證明

這一點。（I feel I have the qualifications to do the job and my track re-cords can prove it.）（註：不必過分強調自己急需此份工作以博取對方「同情」，要強調的是自己的資歷與技能。）

問題 5： 誰對你的影響最大？（Who has had the greatest influence on you?）

回答 5： 是我的父母（特定的人）。他們教我勇於負責，同時開放心胸，接受新的觀念。（A probably my parents are the ones who taught me to be responsible and to be open to new ideas.）

問題 6： 為什麼你要改變自己的專業？（轉換不同的工作）（Why do you want to change your field of work?）

回答 6： 從我的資格與能力來說，我在新的領域可能表現會更出色。（My qualifications and abilities suggest that I may do better in this new fi-eld.）

　或： 我在舊工作已經很久了，我想在新的領域挑戰，這可能會令人鼓舞與興奮。（Having been in my field for a long time, I feel a new chal-lenge would be stimulating and exciting.）

問題 7： 你與人相處的哲理是什度？（What is your philosophy in working with people?）

回答 7： 我深信團隊合作。雖然我喜歡獨立工作，但我認為假如人們能彼此合作，公司將會完成更多的工作。（I believe in team work. Although I enjoy working independently. I feel that a company can accomplish much more if people cooperate and work together.）（註：現在的一般企業也很重視團隊合作精神。）

問題 8： 你有聘用和解雇人員的經驗嗎？（Have you ever hired or fired any-one?）

回答 8： 目前我沒有聘用和解雇的經驗，不過將來如果有此責任時，我想我有能力處理。（So far I have not had any experience in hiring and fir-ing. But when I have such responsibility in the future, I think I am capable performing it.）

或：　我曾當了五年的主管，在那職務裡，我有執行過聘用和解雇的職權。（I have been a supervisor for the five years in that capacity, I have performed that function.）（註：誠實第一、不可說謊，因為主管者重視可靠性。）

問題 9：　你對督促他人積極性的觀點如何？（What are your views on motivating people?）

回答 9：　我認為適當督促他人積極性將是我的一份職責。我會以團隊合作的精神鼓勵員工。依我的教育與經驗，我認為我有督導的能力。（I feel that properly motivating people will be a major part of my supervisory duties. I will encourage team work among all staff members. With my education and experience, I feel capable of performing my supervision.）

問題 10：　你如何處理員工之間的摩擦？〔How do you handle conflict with your peers（co-works）?〕

回答 10：　我覺得妥協要比對立好。所以任何的摩擦都應該循著和平方式去解決。（I feel conciliation is better than confrontation. Therefore any conflict should be solved through peaceful dialogue.）

三、其他面試問題

以下是十一項有可能被提出來的其他面試問題。

問題 1：　你的短程或長程的目標是什麼？（What are your short-range or long-term objectives?）

回答 1：　我的短程目標是想取得這份工作，我的長遠目標是希望盡快晉級。我希望我在這一行，能負起更多的責任。（My short-range objective is to secure this job, my long-term goal is to advance as fast possible. I would like to have more responsibility in my field.）

問題 2： 什麼事曾使你生氣呢？（What causes you to fly off the handle?）

回答 2： 當有人不履行諾言且不解釋理由時，我就會不高興。（When people do not fulfill their promises without explaining the reasons, I become upset about that.）

問題 3： 你能談一些你管理人事的方式嗎？（How do you describe your management style?）（註：這帶有主管職務性質。）

回答 3： 我對員工一向採取「開放政策」。我聽他們的新觀念，遇到問題時，再求解決。（I have always had an open-door policy for my employees. I always listen to the new ideas and try to solve the problems as they arise.）

問題 4： 對你而言，什麼事最難決定？（What type if decisions seems most difficult for you to make?）

回答 4： 當雙方都有相當的優點或長處時，我就很難決斷。（I have found it difficult to make decisions when both sides of the issues have considerable merit.）

問題 5： 你如何解釋「成功」這個字？（How would you describe success? or How do you define the word "success"?）

回答 5： 對我而言，成功就是盡我所有的潛力做好事情。（To me success is doing the best I can with my given potential.）

　　或： 假如我在這行學到各方面的知識，我就認為是成功。（If I try to learn all facets of my job, I can be successful in my area.）

問題 6： 對這份工作，你是否覺得自己的資歷過高呢？（Do you think you are over-qualified for this job?）

回答 6： 不，我不認為任何人有「資歷過高」的說法，因為這個工作有許多擴展和革新的地方。（No, I don't think anyone can ever be "overqualified". This job has lot of room for expansion and innovation.）

　　或： 我覺得我的額外知識對雇主是有好處的事，我可以學習和貢獻。（I

feel the employer will benefit from my additional knowledge. There is a great deal that I can learn as well as contribute.）

問題 7： 你最大的興趣是什麼？金錢、權力還是名望？（What is your major interest? Money, power or prestige?）

回答 7： 我主要的興趣是學習和發展我的技能，能讓我走進一個充滿機會、挑戰而最後有報酬的領域。（My primary interest is to learn and develop my skills which will lead me to a career filled with opportunities, challenges and ultimately, rewards.）

問題 8： 你為什麼常常換工作？（Why do you change jobs so frequently?）

回答 8： 我想藉著試探可以開拓其他的領域。現在我已找到適當行業，同時我也要安定下來了。（I thought I could exploit some possible career with this exploration. I feel I have found the right field and I am ready to settle down.）

問題 9： 你會接受多少薪水？（What kind of salary are you looking for?）

回答 9： 我想貴公司有完善的薪水制度。依我的學識資歷，相信可以受到公平的待遇。（I think your company has a sound salary structure. With my education and qualifications, I believe that Ｉ shall be fairly treated.）

或： 我相信貴公司對我會有合理的報酬。（I am sure your company will compensate me appropriately.）

或： 我願意遵守貴公司的政策和薪水標準。我對較低的起薪也會面對現實。（I will go along with your company policy and pay scale. I am realistic about a lower starting salary.）（註：薪水問題如果能「輕描淡寫」，也許更會受人敬重。）

問題 10： 你認為最得意的成就是什麼？（What are the accomplishments you are most proud of?）

回答 10： 到目前為止，我最得意的是取得了電腦科學的高學位。（Obtaining

my advanced degree in computer science is my greatest accomplishment so far.）

問題 11：你需要多久時間，方能對本公司做出貢獻？（How long will it take you to make a contribution to this company?）

回答 11：只要我在貴公司服務，我會盡力做出某些貢獻。（As long as I work in this company, I will try my best to make some sort of contribution.）

生活故事

五年級爸爸壓力最大

根據 2010 年的一項調查顯示，各世代的職場爸爸壓力不小，其中五年級爸爸壓力最大，平均每日工時超過十小時、每月薪水貢獻給家用比例達五成五。根據 1111 人力銀行「職場爸爸壓力指數大調查」，職場爸爸的自評壓力指數平均為 52.53 分，介於中間值；其中以五年級爸爸壓力最大，指數為 57.14 分，壓力最小的是四年級爸爸，壓力指數為 47.67 分。

調查發現，爸爸壓力最大來自「財務、經濟壓力」（68.57%），其次為「工時長無法兼顧家庭」（33.14%）、「業績、工作壓力」（25.71%）等。

另外也顯示，各世代的職場爸爸每月薪資占家用支出（包含子女教育費）比例約 50.55%，以五年級爸爸達 55.18% 最多。而各世代的職場爸爸平均每日工作時數為 9.99 個小時，其中五年級爸爸平均每日工作 10.61 個小時最高；此外，職場爸爸平均每週花 19.53 個小時陪伴家人、每日約 2.79 個小時，其中以六年級爸爸陪伴家人時間最多，平均每周 22.32 個小時。

1111 人力銀行公關總監何啟聖表示，五年級爸爸工時最長、薪水占家用比例最高，主要是因子女處於青少年時期，無論在學雜費開銷、叛逆期教育等方面，都需要更費心，因此壓力指數也最大。另外，爸爸們自評親子關係平均分數為 60.88 分，剛好低空掠過及格邊緣，可見爸爸認為和子女能貼近的空間還不小。

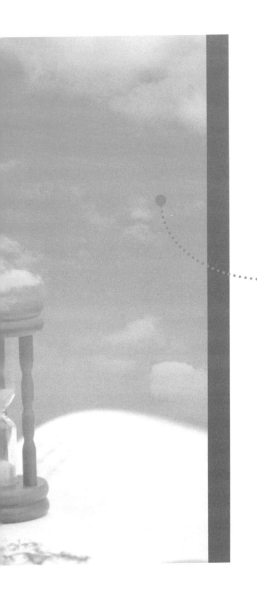

結　論

第十一章　成為生活贏家

第十一章

成為生活贏家

第一節 化目標為行動

　　本節要討論三項主要的議題：一、目標與行動；二、行動帶動行動；三、立即採取行動。

　　不論你相信「知難行易」或「知易行難」的學說，都得承認：人生偉業的建立，不在於能知，而在於能行。面對已經規劃好的生涯及就業計畫全力以赴，將會發現眼睛所及之處仍有無窮的發揮空間。同樣的，英國著名的前首相班傑明・笛斯瑞利（Benjamin Disraeli, 1804-1881）曾指出：「雖然行動不一定能帶來令人滿意的結果，但是不採取行動的話，是絕無滿意的結果可言的。」

一、目標與行動

　　行動是件了不得的事，只要一個人行得正，他就會愈來愈喜歡去行動。因此，如果自己想要做一個進取的人，就必須先從行動進取開始。正如威廉・詹姆斯（William James）所說──一個人的行為將影響他的態度，他說：「與其興之所至才擊節高歌，不如先引吭高歌帶動心情。」行動能帶來回饋和成就感，也能帶來喜悅。忙著做一件事，是建設性的行為，在潛心工作時所得到的自我滿足和快樂，是其它方法所不可取代的。這麼說來，如果想尋求快樂，如果想發揮潛能，就必須積極行動，努力以赴。

　　每天都有許多人把自己辛苦得來的新構想刪掉或埋葬掉，因為他們不敢執行；過了一段時間以後，這些構想又會回來折磨他們。因此，請記住下面兩種方法：

1. 切實執行自己的創意，以便發揮它的價值；不管創意有多好，除非真正身體力行，否則永遠沒有收穫。

2. 實行時心裡要平靜。天下最可悲的一句話就是：「我當時如果有那麼做就好了。」每天也都可以聽到有人說：「如果我當年就開始那筆生意，早就發財囉！我早就料到了，我好後悔當時沒有做！」的確，一個好的計畫如果胎死腹中，真的會叫人嘆息不已，更是一生難忘的事。因此如果一開始便真的徹底執行，即可能帶來無限的滿足。「你現在已經想到一個好創意了嗎？」如果有，現在就行動。

　　行動能幫助我們完成人生偉業。我們可以界定人生目標，認真制定各個時期的目標，但如果不行動，還是會一事無成。苦思冥想、謀劃如何有所成就，不能代替身體力行的實踐，沒有行動的人就只是在做白日夢。對此，安東尼・羅賓（Anthony Robbins）指出：行動是化目標為現實的關鍵步驟，行動才是我們的目標。內斯美（James Nesmith）是一位業餘高爾夫球選手，他通常能打出九十幾桿的成績，後來有七年的時間完全停止接觸高爾夫球；但令人驚異的是，當他再回到比賽場地時，又打出了漂亮的七十四桿。在這七年時間裡，他沒有接觸過高爾夫球，而他的身體狀況也在惡化之中；甚至實際上，這七年他是住在一間大約四英尺半高的俘虜收容所裡，因為他是一個越南的戰俘。

　　內斯美的故事說明了，如果我們期望實現目標，就必須首先看到目標完成。在這七年的日子裡，內斯美一直與世隔絕，見不到任何人，也沒有人跟他說話，更無法做正常的體能活動。起初幾個月他幾乎什麼事情也沒做，後來他覺得，如果要保持頭腦清醒並活下去，就得採取一些特別、積極的措施才行。最後，他選擇了他心愛的高爾夫球課程，開始在牢房中玩起高爾夫球。在他心裡，每天都要打整整十八洞的高爾夫球。

內斯美的故事說明了：如果我們想要達到目標，在達到之前，心中就要「看見目標完成」。如果我們想獲得加薪、在公司獲得較大的機會、較好的職位、有夢想中的房屋等，安東尼‧羅賓建議我們要仔細地重讀這個故事。每天花幾分鐘遵守精確的步驟，如此一來，嚮往的那一天終會到來；到時候，我們不僅能「看到目標完成」，而且會「達到想要的目標」。

在任何一個行業，不管我們是在尋找一個較好的工作、較多的財富、永久與快樂的婚姻，或者是所有類似的事情，我們都必須在達到想要的目標之前，先看見目標完成。當我們的眼睛看著目標時，達成目標的機會就會變得無限大。真的！不管我們見到勝利或失敗，這項原則都能適用。在帆船時代，有一位船員第一次出海，他的船在北大西洋遭到了大風暴，這位船員受命去修整帆布。當他開始爬的時後，犯了一項錯誤，那就是向下看。波浪的翻騰使船搖盪得十分厲害，眼看著這位年輕人就要失去平衡。就在那一瞬間，下面一位年紀較大的船員對他喊道：「向上看，孩子，向上看。」這個年輕的船員果然因為向上看而恢復了平衡。

想想看，當世界上最長的火車靜止不動時，在它的八個驅動輪前面放一塊小小的木頭，就能使它永遠停在鐵軌上。而同樣的，火車若以每小時一百公里的時速前進時，卻能穿透五英尺厚的鋼筋混凝土牆壁。就是這個道理，所以現在請開始取得行動的勇氣，衝破介於我們跟目標之間的種種阻礙與難關吧！

二、行動帶動行動

每一個行動前面都有另一個行動，例如：思考計畫的行動，這是千古不變的自然原理。大自然沒有任何一種事情可以自己行動，即使我們天天使用的幾十種機械設備，也離不開這個原理。家裡的空調是自動控制的，但是我們必須先選擇（採取行動）溫度才行；只有換了檔之後，汽車才能全自動變速。而這個原理同樣也適用於我們的心理，先使內心平靜安詳，才能思路通暢，發揮作用。

　　有一家推銷公司的經理向記者解釋，他如何訓練推銷員用自動反應的方式工作，而獲得了很大成就。他說：「每一個推銷員都知道，挨家挨戶推銷時心理壓力很大，早上進行的第一次拜訪尤其困難。即使是資深推銷員也有這種困擾，他知道每天多少都會遇到一點挫折，但是仍舊有機會爭取到不少生意。所以，他認為早上晚一點出去推銷沒有什麼關係。他可以多喝幾杯咖啡，在客戶附近多徘徊一下或做點其它事，來拖延對客戶的第一次拜訪。」

　　「開始推銷工作的唯一方法就是立刻開始推銷。不要猶豫不決，不要想東想西、拖拖拉拉。我們應該這麼做：把汽車停好，拿著樣品箱直接走到客戶門口按門鈴，微笑地對客戶說『早安』，並開始推銷。這些都必須像反射動作一樣，自動進行，根本用不著多想。如此一來，工作很快就可以熱絡起來。在第二次或第三次拜訪時，自然可以駕輕就熟，之後的成績也可能會很好。」

　　有一位幽默大師曾說：「每天最大的困難是離開溫暖的被窩，走到冰冷的工作室。」他說得不錯，當我們躺在床上認為起床是件不愉快的事時，它就真的會變成一件困難的事。即使這麼簡單的起床動作，只要把棉被掀開，同時把腳伸到地上的自動反應，都可以擊退你的恐懼。那些大有為的人物都不會等到精神好時才去做事，而是推動自己的精神去做事。為了養成行動的好習慣，請練習下面兩件事。

（一）自動反應完成煩人的雜務

　　用自動反應去完成簡單卻煩人的雜務，不要想它煩人的一面，什麼都不想就直接投入，一下子就能完成了。大部分的家庭主婦都不喜歡洗碗，成功學的創始人拿破崙‧希爾（Napoleon Hill, 1883-1970）的母親也不例外，但她卻自己發明了一套作法來處理，以便有時間做她喜歡做的事。她離開飯桌時，便帶著空盤子，在她根本沒想到洗碗這個工作時，就已經開始洗碗了，幾分鐘後就可以洗好。這種作法不是比清洗一大堆，堆了很久的髒盤子更好嗎？

今天就開始練習，先做一件你最討厭的工作，在還沒開始想它的討厭之前就趕快做，這是處理雜務最有效的方法。

（二）將這種方法推而廣之

把這種方法應用到「設計新構想」、「擬訂新計畫」、「解決新問題」，以致於所有需要仔細推敲的工作上。不要等到有精神時才去做，而是要推動自己的精神去做。以下有個技巧保證有效：用一支鉛筆和白紙去計劃，因為鉛筆是使人「全神貫注」最好的工具。世界頂尖潛能大師安東尼．羅賓（Anthony Robbins）認為，如果要從「布置豪華、設備完善的辦公室」和「鉛筆與紙」中任選一項來提高工作效率的話，他寧可選擇鉛筆與紙，因為用鉛筆與紙可以把心思牢牢貫注在一個問題上。

三、立即採取行動

有些人不論機遇好壞都能成功，這些精英中也可能包括我們在內。這個成功的關鍵，在於能夠立即採取行動。

安姬．皮修斯（Angie Pikshus）有十足的理由，埋怨命運對她不公平。她還是嬰兒時，她的母親便去世了，她也從來不知道父親是誰，不知道什麼是家庭的溫暖；八年級時，她被迫搬到阿肯色州和親戚同住。安姬是個孤兒，超重二十磅（因此衣服都快不能穿了），更糟的是她必須離開所有的朋友。

我們常常覺得命運和自己作對，而這時候的安姬更有十足的理由相信自己受到上天的懲罰。不過，她決定採取行動，決定減輕體重，所以開始運動，消耗多餘的脂肪。她愈跑步愈能體會出其中的快樂，體能也逐漸增加。她繼續訓練自己，並且開始參加比賽。幾年後，她是阿肯色州立大學四年級學生，已經贏得三項馬拉松及好幾項十公里長跑冠軍了，其中包括兩次奧爾良馬拉松大賽、曼斐斯快捷馬拉松賽，以及亞特蘭大雅芳十公里大賽。

安姬有充分的理由相信命運已宣布她是一個失敗者，但她並不這麼想。

她擬訂人生目標，並不斷行動，終於發揮潛能，獲得了成功。制定目標或許還不算太難，可是要能貫徹到底就不是件容易的事。我們可能以前就有過這樣的經驗，剛訂好目標時，頗有磨拳擦掌的熱情，可是過了三個星期後就沒勁了，更別提達成目標的自信，那早已蕩然無存了。

如果我們的事業目標是在一年之內賺到十萬美元的話，那麼現在就立刻擬出必須採取的步驟。到底有哪些已經賺到這麼多錢的人，可以提供自己建議？我們是否應該去創個新事業？是否需要去尋找某些資源？別忘了，自己每天至少得體驗一下實現那些目標的成功感受，當然最好是一天兩次、早晚一次。每六個月得重新回顧先前所寫下的目標，以確定它們是否還「活生生」的存在。當我們決心過積極奮發的生活後，必然會有與以往不同的認識，很可能我們會將先前的目標做某種程度的修改，那麼就請好好動動腦筋增減一下。

最後，請別忘了養成良好的習慣。許多人的拖拉已經成了習慣，對於這些人，要完成一項任務的一切理由，都不足以使他們放棄這個消極的工作模式。如果我們有這個毛病，就要重新訓練自己，用好習慣來取代拖拉的壞習慣。每當發現自己又有拖拉的傾向時，靜下心來想一想，確定自己的行動方向，然後再給自己提一個問題：「我最快能在什麼時候完成這個任務？」定出一個最後期限，然後努力遵守。漸漸地，自己的工作模式就會發生變化。許多人埋頭苦幹，卻不知所為何來，到頭來發現成功的階梯搭錯了位置，卻為時已晚。因此，我們必須掌握真正的目標，並擬定目標，澄清思想，凝聚繼續向前的力量。

生活故事

施與受的感情

一個名叫郝武德·凱禮的窮苦學生，為了付學費，在郊外挨家挨戶地推銷貨品。到了晚上，發現自己的肚子很餓，而口袋裡只剩下一點錢。他便下

定決心，到下一家時，向人家要飯吃。然而，當一位年輕貌美的女孩打開門時，他卻失去了勇氣。他不敢討飯，卻只要求一杯水喝。女孩看出來他飢餓的樣子，於是端出一大杯鮮奶。他不慌不忙地將它喝下，而且問道：「這要多少錢？」而她的答覆卻是：「你不欠我一分錢。母親告訴我們，做善事不求回報。」於是他說：「那麼我只有由衷地謝謝了。」

當他離開時，不但覺得自己的身體強壯了不少，而且對人的信心也增強了起來。

數年後，那位年輕女孩病情危急，當地醫生都已束手無策。家人終於將她送進大城市，以便請專家來檢查她罕見的疾病，他們甚至請到了大名鼎鼎的郝武德‧凱禮醫生來診斷。當他聽說，這個病人是從某某城郊外來時，他的眼中充滿了奇特的光輝。他立刻進了她的病房，並一眼就認出了她，然後他立刻回到診斷室，並且下定決心要盡最大的努力來救她的性命。從那天起，他一直注意著她的病情。

經過一次漫長的奮鬥之後，終於讓她起死回生，戰勝了病魔，最後，批價室將出院的帳單送到醫生手中，請他簽字。醫生看了帳單一眼，然後在帳單邊緣寫了幾個字，就將帳單轉送到她的病房。她不敢打開帳單，因為她確定，這需要她一輩子才能還清這筆醫藥費，但最後她還是打開看了，而且帳單邊緣上的一些字，特別引起她的注目。她看到了這麼一句話：「一杯鮮奶已足以付清全部的醫藥費！簽署人：郝武德‧凱禮醫生。」她眼中泛著淚水，心中高興地祈禱著：上帝啊！感謝您，感謝您的慈愛，藉由眾人的心和手，不斷地在傳播著。

在故事中，女孩心存慈悲幫助有困難的人，日後遭遇重病時也得到他人的幫助。郝武德‧凱禮醫生曾經接受女孩的恩惠，日後找到機會報答她，悲憫之心與感恩之心是施者與受者的兩種心態。今天看來，二者都彌足珍貴，若是施者，應當相信善良是人類共通的情感，付出終會有所回報；若是受者，接受他人幫助時，不要忘記感恩，在自己能力範圍內幫助他人，回報整個社會，這個世界才會成為溫暖而值得留戀的家園。

第二節　向失敗經驗取經

　　本節要討論三項主要的議題：一、面對失敗經驗；二、失敗與再失敗；三、優秀者的失敗。

一、面對失敗經驗

　　失敗的方式有很多種，失敗後再失敗的原因只有一個：未能認真吸取經驗教訓。大浪淘沙，優勝劣敗，成功總是屬於那些備嘗艱辛、異常頑強的人們！云云眾生對成功者頭上的光環頂禮膜拜的同時，常不禁悄悄地羨慕與哀嘆，成功者如同鳳毛麟角，究竟何年何時，成功之神才能對自己格外關照呢？在自艾自嘆的消極心態中，他們早已錯過了一次又一次成功的機會。當我們縱觀歷史、橫覽世界，一個出乎意料卻又合情合理的推斷，就如同閃電一樣照亮了暗黑的腦海：成功者無一不是戰勝失敗而來！成功無一不是血汗與機運的結晶！

　　在失敗面前，有三種不同的人：

　　第一種人，遭受失敗的打擊，從此一蹶不振，成為讓失敗擊垮的懦夫，此為無勇亦無智者。

　　第二種人，遭受失敗的打擊，並不知反省自己，總結經驗，但憑一腔熱血，勇往直前。這種人往往事倍功半，即便成功，亦常如曇花一現。此為有勇而無智者。

　　第三種人，遭受失敗的打擊，能夠極快地觀察局勢，自我調整，在時機與實力兼備的情況下再度出擊，捲土重來。這一種人堪稱智勇雙全，成功常常蒞臨在他們頭上。

　　以上述三種人面對失敗分類的背景，再根據猶太人的「80／20 法則」解釋，提供讀者思考：成功的考驗與淘汰。

1. 無勇無智者占人類總數的百分之八十。

2. 有勇無謀者與智勇雙全者占百分之二十。

　　而在這百分之二十的人中，若再次運用 80 ／ 20 法則：

1. 有勇無謀者占百分之八十。

2. 智勇雙全者只占百分之二十。

　　如果在智勇雙全者中按 80 ／ 20 法則再次分配，那麼所謂真正的成功者即占不到百分之一，至於那些獲得大成就者，更是少之又少，這誠如消極人士所嘆，真的是少之又少。但是，我們做這樣的分析，目的絕非是在哀嘆成功之不易，吟唱人生的悲歌，而是希望從中發現克服失敗的秘訣。毫無疑問的，成功者之所以成功，就在於他的智與勇，尤其是「智」的方面。因此，拿破崙‧希爾（Napoleon Hill）的結論是：「智者，善於總結經驗也！」

　　如此簡單的定律，卻讓人類繞上偌大的圈子，付出了無法想像的代價。因此，研究成功要從研究失敗開始，超越失敗則必然通向成功的彼岸。「正視失敗，洞見失敗，最終必定超越失敗。」與其他人一樣，我們肯定也曾經做過這樣的夢：在夢中，自己是一個被包圍在鮮花和掌聲中的成功者，我們為自己的成功而歡呼雀躍；但是，有多少人把這夢中的鮮花和掌聲變成現實。儘管我們是一個屢敗屢戰的堅強者、一個善於算計的精明者、一個有遠大抱負的有志者、一個被眾人普遍讚賞看好的優秀者，但失敗仍讓自己困惑：「怎麼會這樣？」而我們的失敗也讓他人感到不解：「你到底是怎麼了？」其實，原因或許很簡單，只是我們沒有去想或者沒有意識到自己存在著一些心理迷失，自己以為應該如何，但是實際上卻不是這樣。

二、失敗與再失敗

　　「失敗為成功之母」，很可能在很小的時候，父母或幼兒園老師就這樣告訴我們，並且還舉了許多偉大的科學家、發明家、企業家、政治家經過千錘百鍊才獲得成功的例子作為證明。於是在當時那幼小的心靈裡，「失敗只是有點讓人傷心，但並不可怕」的種子扎下了根，並且隨著歲月的沉澱和滋

養發了芽。到了中學，老師又告訴你，「失敗是成功的墊腳石」。

此時，嫩芽破土而出，享受著陽光而茁壯生長起來。我們無形中有了這樣一種潛意識：失敗是成功的先兆；只有挫折才能帶領我們走向成功。因而失敗非但不該是一件令人沮喪的事情，反倒應該可喜可賀。甚至還可以對自己浪漫地說：「只有風雨才能沖洗去掩於我表面的塵埃，顯露出我英雄的本色。」於是我們不畏失敗，跌倒後爬起來再勇敢地奮進，但結果卻是悲壯地屢戰屢敗、屢敗屢戰，又屢戰屢敗。

失敗為成功之母，但失敗並非必是成功之母，兩者之間並沒有必然的因果關係。如果在失敗後，抱持一種無所謂的態度，很瀟灑地一點也不在意的說：「忘了過去，一切從頭重新再來！」那麼，等待的很可能還是失敗。為什麼失敗一個會接一個，勝利卻從未到來呢？其實，我們只要回頭去仔細想一想就知道了，諸多失敗者的失敗原因只是具體情況和形式上有所不同，但本質上卻是一樣的。拿破崙‧希爾（Napoleon Hill）認為，失敗的主要原因都是沒有認真地去分析自己失敗的原因，沒能從中吸取寶貴的教訓。

所以有很多人很努力但沒有成功，除了他們沒有認真反省此一主觀原因外，還有一個客觀的原因，那就是失敗和挫折通常是以一種「暗示」的形式來向人們訴說的，如果我們不去認真地對待它、琢磨它，是不會理解的。同樣的，「失敗為成功之母」也是以這種「暗示」的形式來告訴人們它的含義。所有歷經失敗和挫折而終獲成功的人們，都是用他們的智慧認真地從失敗中明瞭這暗示的意思，他們的失敗才引導著他們走向了成功。

美國明尼蘇達州柴油公司的賽德里亞分廠，在創辦初期的經營很不順利，產品的品質不穩定、機器的利用率低、工人的缺勤現象嚴重，且工安事故經常發生，各種內憂外患使其幾近破產。工廠的處境使廠長史密斯焦急萬分，但是面臨著挫折和來自上下的壓力，他沒有一味地蠻幹下去，更沒有退縮，而是找來各方面的專家人士研究分析工廠經營不佳的原因。

經過分析發現，其癥結在於實行的多層次領導管理體系。在這種管理體系下，領班與員工之間及各領導之間缺乏溝通。他們常各自為政，而使整個

工廠沒有通盤的計畫，且處於一種得過且過的混亂狀態。

於是史密斯對症下藥，實行了一套新型的管理法，重新設計工作流程，改善勞動環境。全廠從經理到操作人員全部編成以二十人為一個有一定自治權的製造小組，每個小組都要學會經過規劃的整體性事務，從事一系列的所謂垂直性工作，例如：清點存貨、採購原料、記錄生產費用、檢驗進貨、登記出勤和工作表現、編列預算、監督安全措施等。他給予每個小組較大的自主權，使其有權自行招聘新工人，辭退不稱職的工人。

由於柴油機的很多零件需要幾個小組合作製造，這樣在無形中給速度慢的小組形成了一種壓力，促使他們提高工作效率。史密斯給每個小組指派了一個顧問，取代了凌駕於工人之上令人討厭的監工。顧問的任務是培訓工人，幫助小組提高自治能力。新管理體系實行兩層領導制，最高層是由廠長和董事組成的工廠作業組。

最高層負責與公司總部共同制定生產任務，擬訂全廠的生產計畫及做出決策方針。第二領導層是工人代表會，由各部門推選產生，定期召開會議，討論廠裡的各種問題。工人的意見則由工人代表帶給工廠作業組。此外，史密斯本人還每個星期都邀請一部分工人促膝談心。由於他注意保密談話的內容，因而很快就取得了工人的信任。

新方案實施後，取得了令人鼓舞的績效，不僅讓賽德里亞分廠獲得了新生，且很快成為總公司的明星分廠；而史密斯本人也因其在該分廠的成績，被調往總部擔任副總經理的職務。試想，假如史密斯當時在挫折面前，不認真分析原因，不改變原來的管理體系而一味亂下生產指令，甚至對員工咆哮，只知指責，不知檢討整個工廠的缺失，那麼，無論他如何兢兢業業，等待他的只是又一次的失敗。

因而，成功者的處方就是：認真地對待每一次失敗，並要痛定思痛找出自己失敗的原因，在下一次的行動中引以為戒。千萬不可用「失敗為成功之母」當藉口，把「失敗」當作兒戲或忽視它。

三、優秀者的失敗

　　讓我們來假設一下：你是一個資質優秀者，從小學、中學一直到大學都在班上名列前茅、品學兼優，擔任學生幹部，甚至還在各種各樣的競賽中，獲得許多獎項。你也是父母和學校的驕傲，被他們寄託無限的希望；也下定決心，將來一定要有所作為。可是，後來卻一再地失敗，而開始對自己的能力產生懷疑……。「成功者總是優秀者，但優秀者卻並不一定總能成功。」如果我們自己是一個公認的優秀者，但至今卻未能成功，可能是由於以下幾個原因之一：

1. 現在的失敗只是暫時的挫折，是黎明前的黑暗，我們只需咬緊牙堅持下去，曙光就會在眼前。成功者不懼怕失敗，但他們重視失敗，他們能夠從中得到寶貴教訓和啟示，這可以幫助他們認清自己和所面對的形勢，及時進行適當的調整，進而一步步邁向成功。

2. 沒有根據自己的特長選定有效正確的目標，或者沒有為這些目標付出應有的汗水和努力。世界上從來都不存在各個領域都能出類拔萃的全才，每個人的能力和精力都是有限的，所謂優秀者都只能是某一方面的優秀者；所謂天才，也只能是某個領域內的天才。這就給我們一個提示：自己要能夠正確地認識自己的長處和短處，揚長避短，選擇從事自己相對最有特長的、最有望成功的領域作為自己的奮鬥目標，只有這樣才有可能領先他人而獲得成功。

3. 自己孤芳自賞，不能有效地處理好與合作者的人際關係。合作產生力量，分裂就會退步。一個人的能力和才智是有限的，在高度競爭的今日，個人的成功僅靠自己的努力是無法達到的，它離不開與他人的合作和協助。而許多的「優秀者」往往因為自己的優秀而很容易養成一種目中無人的習慣，這種習慣是很容易讓人覺得討厭而被孤立的。一旦自己因無能而傷害了他人，要再想得到他人的協助是不可能的，他人不趁機為我們設置各種障礙就很不錯了。

234

4. 自己的觸覺還不夠敏銳，不擅於主動地去創造並及時地抓住機會。只要善於把握，任何時候都有成功的機會。成功是一個能力、奮鬥和機會的綜合體，三者缺一不可。許許多多天賦比我們有過之而無不及的人，終日辛勤工作，卻終其一生窮困潦倒，這就是因為他們不能夠主動地創造機遇，不擅於及時抓住機會。鋼鐵大王卡耐基（Andrew Carnegie, 1835-1919）說：「機會是自己努力造成的，任何人都有機會，只是有些人善於創造機會罷了！」

生活故事

健康與幸福感

美國職籃（NBA）選手林書豪風靡全球，愈挫愈勇的表現令人稱許。亞洲大學心理學系講座教授柯慧貞說，健康完美主義性格的人，自我期許高、能將挫折視為良藥，而這正是林書豪的特質。柯慧貞和成功大學行為醫學研究所團隊，參考國外量表修改設計成完美主義量表，並針對國中生和大學生進行研究。根據量表結果，受試者可分為健康完美主義、不健康完美主義、非完美主義等三組，進一步分析發現，不健康完美主義組的憂鬱分數最高、幸福感最低。

根據研究分析，在自我期許、目標愈高、全力以赴等項目分數高者，屬高正向完美主義；而在他人對自己要求部分，愈會擔心犯錯失敗、家人期待比自己高、父母易過度批評分數高者，屬高負向完美主義；兩者綜合後可分類成健康完美主義、不健康完美主義、非完美主義。研究結果指出，健康完美主義組有最高的幸福感、最低的憂鬱分數與自殺意念分數，但不健康完美主義組則有最高的憂鬱分數、自殺意念分數、最低的幸福感；而非完美主義組的憂鬱分數及自殺意念分數比不健康完美主義組低，但幸福感也比健康完美主義組為低。

研究也發現，健康完美主義組的父母具有較高監督、正向鼓勵及最低的

體罰分數，不健康完美主義組的父母則有較高的體罰、較低的正向鼓勵分數，非完美主義組的父母監督與正向鼓勵雖比健康完美主義組低，但體罰分數也比不健康完美主義組低。柯慧貞表示，如果要培養像林書豪的健康完美主義性格，父母就要高監督，多了解與參與孩子的活動，鼓勵孩子努力追尋自己的夢想，孩子表現好時，多給予口頭鼓勵；而當孩子表現不好時，和他講道理，少用體罰，多給正向的鼓勵。

第三節　邁向成就的生活

　　本節要討論三項主要的議題：一、為自己的成就定位；二、擁有健康的企圖心；三、在巨人的肩膀上站穩。

　　上一節我們討論如何向失敗經驗取得教訓，本節希望在這個經驗的基礎上站起來，邁向成就的生涯。在邁向生涯規劃與職能發展的道路上，或許會遇到許許多多的失敗，每一個人的失敗也有許多不同的理由，但是，幾乎所有的失敗都與缺乏自我實現的成就定位有關。

一、為自己的成就定位

　　有一位年輕的記者拜訪愛因斯坦（Albert Einstein），請教他成功的秘訣。愛因斯坦的忠告是：年輕人，別把人生的目標放在個人的成功上，而是個人的成就。因為「成功」的指標，包括財富與社會地位，並非人人都能夠取得；但是，個人的「成就」只要努力追求，肯付出代價，則是人人有份！記者再請教愛因斯坦成功與成就的差別，他則嚴肅地回答：成功的人從社會上取得多（付出比較少），成就的人生付出則為比較多（取得比較少）！

　　人類需要對自己的生活做出評價，捨此就沒有人能取得快速與巨大的進

步。文學家托爾斯泰（Lev Nikolayevich Tolstoy, 1828-1910）曾說過：「我常常認真琢磨，自己是否按生活應該的樣子生活著，這種生活有沒有價值。」對生活做出評價永遠不會為時過晚，而且總是有所裨益。經過自我分析，一個人可以發現本身都無法發現的許多缺點。一個人只有在發現了自己的優點以後，方能發現自身的許多缺點。

為了糾正錯誤和回顧經歷而做的透徹之自我分析，並不是一件簡單的事，在我們這個日益複雜的時代更是如此。從「比賽理論」的觀點來看，人生並不是一場閃電般的象棋錦標賽，為了走出最恰到好處的「妙棋」，使它們的價值對社會、對自身都最為理想，我們就必須能夠對人生中的各種現象做出客觀、明智而認真的思索。

心理學家們已經得到一個結論，認為三種指標：由某一個人做出的自我評價、期望評價和集團評價，必然會構成這個人的個性結構。不管一個人是否願意，他都不得不客觀地對待本身在集團中的利益、行為的成敗、對自身及周圍人的態度等主觀表現。一個人一旦確立對自身和周圍其他人的正確態度，就可以在確立社會地位的過程中達到心理舒暢，拋棄猶豫不決的地步。自我分析並非無所不能的東西，只是我們應該發揮自我監控的能力，因為它可以對完善自我產生十分巨大的作用。

當我們完全沉迷於對自己的情感和情境進行複雜分析的時候，試想一下可曾漠視過這種分析而代之以陳舊的原則，「情感可以表白，直覺可以補救」，而後者只會對自己的魯莽行為感到後悔。做到名符其實的自我分析當然不是一句空話，但一旦掌握了這種方法，它首先就會提供一種強大的助力，讓我們能開發自己內部資源和能力的寶藏。

此外，要對如何控制一個人的品性形成做些解釋：

第一，應該明白，一個人的品性主要代表了他按照某些原則行動的能力。

第二，像尼古拉‧奧斯特洛夫斯基（Nikolai Alexeevich Ostrovsky, 1904-1936）所說，一個人應當「在自己堅定而公正的批判面前振作起來。在

清楚明確的意義上講，無情的自尊心要求一個人應該找出自己的缺點和罪惡……並直截了當地決定能否容忍它們」。

這是一件只富有勇氣的人才能做到的事情，由此可以看到一個人必須勇敢地擔負起屬於自己的任務。不要只提出幾個問題，還要提出真實可行的答案。因此，這裡的中心是「公平」，徹頭徹尾的公平，不但要公平地行動，而且要公平地思考。一個人在發展自我的過程中：每一項自我改進的苦差事，他都必須提高警覺，時時監視自己能否一方面設法保持信念、觀點和評價的一致，另一方面保持日常行為的一致。因為，與其拿一個人在危急關頭的行動去批判他的德行，不如拿他每天的行為去批判。

保持生活之和諧的過程，就是自我修正。人們從來都是這樣在自我教育和自我改進的同時，進行自我修正。每個人都應該意識到自己願意意識到的種種素質，並有能力加強或抑制這些素質。這樣堅持下去，我們就會在那種稱作心理防禦的事情中，變得日漸成熟、老練。這種心理防禦就是人為了適應具體的環境，用神經活力的最低代價重新調整自己活動的能力，為個人的生涯成就定位。

二、擁有健康的企圖心

企圖心是邁向成就之路的一種正面因素，強烈的企圖心，則易成為「野心」。太過強烈的企圖心，其本身固然可能造成負面影響，但它也常常成為崇高之善的源泉。企圖心，通常會與有企圖心的人聯繫在一起，即是與那些不管如何俗氣都很願意得到某種名聲，並為此而奮鬥的人聯繫在一起。有人認為，過度的企圖心是對名聲的貪婪，這種看法同時構成了將企圖心視為思想不謙虛之普遍信念的基礎。然而，現實中也存在著健康的企圖心。愛默生曾說過：

「人最大的卑鄙莫過於對榮譽的追逐；但這同時也是人聰明才智的最崇高標誌，因為無論他在世界能夠占有什麼，無論他的健康

和享樂達到何種水準，只要他尚未獲得人的尊嚴，他就絕對不會滿
足。人對人類理性的評價很高，以致於當他還沒有被抬高到批評他
人的地位時，他也絕對不會滿足。」

托爾斯泰年輕時，就在自己的日記裡直言不諱：「正是自尊和企圖心時
常激勵著我去行動。」讓他回味無窮的經歷是在雜誌上閱讀關於《馬克爾的
筆記》（*Notes of a Billiard Marker*）之評論。托爾斯泰發現，這些評論既能
供人消遣又具實用價值，因為從中能看到「企圖心的亮光可以喚來行動」。
他補充說：

> 「研究創造行為和科學多樣性的心理學家，將企圖心看作是一
> 種最有創造性的興奮劑，他們相信企圖心在本質上就是充滿活力的
> 東西。
> 　　當然，過強的企圖心便是醜惡了。但即使是人類最好的品質在
> 被誇大到荒謬絕倫的地步，不也會轉變為它們的反面嗎？企圖心在
> 人生活中的作用是因時間的變化而有所不同。對青少年說來，像人
> 類進步和人類幸福這樣的概念的確太虛幻，似乎與他們也沒有什麼
> 關係，因為他們不可能了解其中還蘊含著生機盎然的創造性活動。
> 在他們心目中，這類名詞與女性朋友的微笑、父母的誇獎和老師的
> 讚許完全不同。在這樣的場合，企圖心的作用就是比較好的。」

卡爾·馬克思（Karl Heinrich Marx）17歲時曾寫過一篇有關的文章，題
目為〈青年在選擇職業時的考慮〉。其中飽含了馬克思傾注於一般認識上的
強烈感情：

> 「神也給人指定了共同的目標使人類和他自己趨於高尚，但
> 是，神要人自己去尋找可以達到這個目標的手段；神讓人在社會上

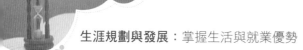

選擇一個最適合於他、最能使他和社會得到提高的地位。

　　健康的企圖心乃是形成自我尊重心理的偉大力量：如果這種企圖心是健康的，而非只追求名聲的病態企圖心。健康的企圖心能使一個人變得更為完美，並能推動他探索自己前進的方向。一個人若不追隨那些比自己知識更多也更聰明或完美的人，他要獲得智慧、發展和提高自己，並非一定是不可能的，但至少是很艱難的。競爭中的領先者：那些總走在前面的人，多少會受到他人的嫉妒，我們應時刻牢記一條重要準則：人們根本不應該同情那種『動物為了爭奪食物或地盤』的競爭，而應加強那種『於其中無人落在最後』的真誠之競爭。這是競爭的基石。」

三、在巨人的肩膀上站穩

　　有人曾經問牛頓（Isaac Newton），為什麼他會有那麼多成就。他的回答是，站在巨人的肩膀上，所以他能夠看得比較遠。其實，天才並不是自己生長在深林荒野的怪物，是從可以使天才生長的民眾產生、孕育出來的，所以沒有這種民眾，就沒有天才。在科學史上，沒有一個天才人物的發明創造是離開群眾的智慧，離開前人的成果而孤立地由個人單獨做出的。古希臘數學家歐幾里德（Euclid, 325 BC-265 BC）的《幾何學》一書，是整理、概括、發展前人的成果之產物。早在西元前五、六世紀，古希臘就累積了許多重要的幾何知識，有關定理證明的觀念已經形成，他們曾經對這些幾何材料不斷進行了整理，而歐幾里德的《幾何學》一書，只是最後完成了整理工作。

　　在牛頓於 1687 年正式公布萬有引力之前，法國的天文學家布理阿德奧（I. Bulliduas, 1605-1694）於 1645 年、義大利的物理學家玻列利（Borelli）於 1666 年、荷蘭的惠更斯（Christian Huygens, 1629-1695）於 1673 年、英國的哈雷（Edmond Halley）、雷恩（Christfopher Wren）於 1679 年、虎克（Robert Hooke, 1635-1703）於 1680 年，都從不同的角度指出了重力或天體

引力與物體距離的平方成反比，這些科學家的研究成果都對牛頓有所啟示。如果離開前人的一系列科學成果，離開了群眾的集體智慧，牛頓的智力再高超，也不能建立他的古典力學體系，而對科學做出如此偉大的貢獻。因此牛頓在逝世以前，曾深深體會地說：「如果我所見到的比笛卡兒要遠一點，那是因為我是站在巨人們肩上的緣故。」

中國歷史上的那些創造發明，也都是群眾智慧的結晶。歷史上傳說的古代最早發明中草藥的神農氏，就並非單獨一個人，而是廣大勞動人民的象徵。從神農氏到明朝李時珍《本草綱目》的問世，其間經歷了幾千年的群眾實踐之鍛煉、提升、豐富和發展。李時珍是在吸取了秦漢時整理的《神農本草經》、南北朝的《本草經集注》、唐朝的《新修本草》、宋朝的《證類本草》等幾十種本草學專著的成果基礎上，再加上自己幾十年親自深入群眾、調查研究、刻苦實踐，才寫出《本草綱目》這部巨著。南朝何承天的著名天文歷《元嘉歷》，不僅總結了自己觀測天象四十年的實踐經驗，也是在吸取了夏朝的《夏小正》等十一種歷法成果的基礎上編寫出來的。

人類的智慧是歷史累積而成的公眾寶藏，假使我們願意追尋，同時也努力付出時間、精力與耐心，必然會得以分享它的精華。當我們在邁向「美夢成真」的道路上勇往前進，歷經千辛萬苦，終於到達終點的此時，我們毫無疑問的是個人生命成就的勝利者，同時也是美夢成真的圓夢者。但請記住蕭伯納（George Bernard Shaw, 1856-1950）所說的話：「我年輕時注意到，每做十件事就有九件沒有成就，於是我就十倍地努力做下去。」

生活故事

具有黏著性的人生

當本書完稿（2012 年 12 月 14 日）之際，剛好看到一則新聞報導：「黏著性太強，三星創意總監承認在家都用蘋果產品」，雖感到難以想像，但是，這卻是事實！

《AppleInsider》在 12 月 13 日的報導：三星電子（Samsung）是蘋果（Apple）的強力競爭對手，然而，8 月新加入三星團隊的三星美國、南韓創意策略總監孫英權（Young Sohn）在接受《麻省理工技術評論》（MIT Technology Review）採訪時透露：他偏愛蘋果緊緊連結客戶的生態體系，他在家中用的產品是 iPhone、iPad 和麥金塔（Mac）電腦，而這得歸功於蘋果產品的「黏著性」之風格體系。

再對照現今個人電腦軟體的巨擘：微軟公司（Microsoft），當年從 DOS 時代開始，一直到 2012 年上市的 Windows 8 作業系統，讓所有使用個人電腦的人，每次打開電腦就要看一次「窗」（window）；而台灣的徵才廣告之資格要求，最常見的就是：熟 Windows 作業系統、Word、Excel。這種現象不也是類似蘋果公司產品的「黏著性」，只不過蘋果公司產品展現的是手機等硬體，而微軟公司則在軟體應用風行全球。

各位親愛的讀者：請想想看，這個報導給我們帶來什麼新的啟示？生活在這個競爭劇烈的年代，學習如何具有「黏著性」的人生，甚至讓不喜歡自己的人，或是我們的競爭對手，都難以拒絕與我們為友或合作。這種人格特質是成就人生的一種很高境界，值得深思！而另一個思考方向則是──創意是無限寬廣的。當年微軟公司推廣 DOS 作業系統，帶動整個 PC 個人電腦使用的風潮，在那個時代，只要聽到或想到「電腦」，就只知道國際商業機器公司（IBM）、王安電腦公司（WANG）、美國數字設備公司（DEC）等大型電腦系統；而蘋果公司的 iPod、iPhone、iPad 推出時，相同類型的產品早已遍布市場上，但是當史蒂夫·賈伯斯（Steve Jobs）開始推展蘋果公司的 i 系列產品時，全世界的 Apple 迷，又是如何引頸期盼？創意不嫌多，更不嫌慢，就擔心沒有能夠掌握具有黏著性的創意人生！

參考文獻

It's All Too Much: An Easy Plan for Living a Richer Life with Less Stuff
by Peter Walsh
2007

Getting Interviews: For Job Hunters Career Changers, Consultants and Freelancers
by Kate Pendleton
2000

Interview Power: Selling Yourself Face to Face
by Tom Washington (Ed.)
1995

Life After College: The Complete Guide to Getting What You Want
by Jenny Blake
2011

Power Interviews: Job-Winning Facties from Fortune 500 Recruiters
by Neil M. Yeager
1999

Strategic Goal Planning: Creating Targeted Goals: A Creative Approach to Taking Charge of Your Business and Life
by Katie Darden
2012

The Career Guide for Creative and Unconventional People
by Carol Eikleberry
2007

The Start-up of You: Adapt to the Future, Invest in Yourself, and Transform Your Career
by Reid Hoffman & Ben Casnocha
2012

The YOU Plan: A 5-Step Guide to Taking Charge of Your Career in the New Economy
by Michael Woodward
2012

Notes

國家圖書館出版品預行編目（CIP）資料

生涯規劃與發展：掌握生活與就業優勢 / 林仁和著.
-- 初版. -- 臺北市：心理，2013.04
面； 公分. --（通識教育系列；33032）

ISBN 978-986-191-540-1（平裝）

1. 生涯規劃　2. 就業

192.1　　　　　　　　　　　　　　102005515

通識教育系列 33032

生涯規劃與發展：掌握生活與就業優勢

〜〜〜〜〜〜〜〜〜〜〜〜〜〜〜〜〜〜〜〜〜〜〜〜〜〜〜〜〜〜

作　　者：林仁和
責任編輯：郭佳玲
總　編　輯：林敬堯
發　行　人：洪有義
出　版　者：心理出版社股份有限公司
地　　址：231 新北市新店區光明街 288 號 7 樓
電　　話：(02) 29150566
傳　　真：(02) 29152928
郵撥帳號：19293172　心理出版社股份有限公司
網　　址：http://www.psy.com.tw
電子信箱：psychoco@ms15.hinet.net
駐美代表：Lisa Wu（lisawu99@optonline.net）
排　版　者：辰皓國際出版製作有限公司
印　刷　者：東縉彩色印刷有限公司
初版一刷：2013 年 4 月
初版二刷：2015 年 8 月
I S B N：978-986-191-540-1
定　　價：新台幣 250 元

〜〜〜〜〜〜〜〜〜〜〜〜〜〜〜〜〜〜〜〜〜〜〜〜〜〜〜〜〜〜